Pièges et difficultés de l'anglais

Olivia FARRINGTON

M.A. Linguistics
Professeur Honoraire de l'Université d'Aberdeen (Écosse)

BORDAS
LANGUES

Maquette intérieure : *Insolencre.*

Maquette couverture : *Jean-Louis Couturier.*

Photos couverture : © *Michel Gounot.*

Illustrations : *Mac Carron.*

© BORDAS, Paris – 1995

ISBN 2-04-028219-X

Introduction

Ce livre a pour but de vous guider à travers le terrain dangereux que peut être l'anglais. Les possibilités d'une langue sont en effet illimitées. Et pourtant, de longues années d'expérience m'ont fait réaliser que les francophones – même ceux qui ont un niveau de langue élevé – commettent toujours les mêmes erreurs de base.

Les 126 rubriques de ce livre s'appuient donc sur les pièges et difficultés qui les provoquent afin de mieux comprendre comment ne plus répéter ces erreurs. La méthode employée essaie de vous mettre sur vos gardes en vous présentant des paires de phrases qui se ressemblent par leur forme, mais qui – attention ! – n'ont pas nécessairement le même sens. Les explications et les nombreux autres exemples qui suivent ont pour but de vous aider à parler et à écrire un anglais clair et simple sans faute ni ambiguïté.

Un conseil : avant de travailler une rubrique, comparez les deux phrases qui se trouvent en tête de la rubrique et posez-vous cette question : « Quelle est la différence de sens entre les deux ? ».

Autre conseil : avant d'étudier les explications, il est quelquefois plus efficace de faire d'abord l'exercice qui se trouve au bas de la page. Ainsi vous saurez tout de suite où se trouvent vos faiblesses particulières – si toutefois vous en avez !

Ce livre a été fait avec l'aide indispensable de mes étudiants ingénieurs et géologues à *Total Oil Marine* à Aberdeen en Écosse. Mieux que personne, ils savent l'importance d'éviter des malentendus dans des réunions de travail importantes et dans l'environnement hostile de la Mer du Nord. Je les remercie de leurs conseils et de leurs critiques précieux. Je tiens à remercier également le personnel du Lycée français d'Aberdeen pour sa coopération.

Sommaire

Pièges et difficultés. . . . . p. 5

Corrigé des exercices . . . . p. 139

Index . . . . p. 151

Liste des 126 entrées . . . . p. 159

1 *a • an*

→ *Ils ont planté **un** chêne et **un** frêne dans le jardin.*
→ *Ils ont planté **un** hêtre et **un** tilleul dans le parc.*

◆ *a* : le choix entre *a* et *an* dépend de la prononciation et non de l'orthographe. *A* s'emploie devant une consonne.

a fact	**a** dream	**a** treaty
→ *un fait*	→ *un rêve*	→ *un traité*

mais aussi devant les voyelles **u** et **eu** quand elles se prononcent en commençant par le son « y » [ju:].

a useful fact	**a** U.S. dream	**a** European treaty
→ *un fait utile*	→ *un rêve américain*	→ *un traité européen*

◆ *an* : s'emploie devant une voyelle.

I'm **an** actor.	She's **an** engineer.	He's **an** undertaker.
→ *Je suis acteur.*	→ *Elle est ingénieur.*	→ *Il est croque-mort.*

Quand le **h** ne se prononce pas, on emploie *an*.

an (h)our	**an** (h)onour	**an** (h)onest man
→ *une heure*	→ *un honneur*	→ *un honnête homme*
an (h)eir	**an** (h)eiress	
→ *un héritier*	→ *une héritière*	

Remarques

Another s'écrit toujours en un seul mot.

Let's have **another** cup of coffee and then we'll do **another** exercise.
→ *Prenons encore un café, puis nous ferons un autre exercice.*

A *ou* an ?

Mr Banks works as ... adviser to ... United Nations team. He has to manage without ... computer and he only gets paid about £20,000 ... year but he counts it ... honour to work for ... international organisation. ➡ Corrigé p. 139

> There was **an** apple in the bowl.
>
> There was only **one** apple in the bowl.

Les deux mots correspondent à « un/une ».

| → *Il y avait **une** pomme dans le bol.*
| → *Il n'y avait qu'**une** pomme dans le bol.*

On emploie *one* dans les cas suivants :

◆ *one* : « un/une » par opposition à deux, trois, etc. donc pour préciser le nombre ;

◆ *one... the other* : « l'un... l'autre ».

| – How many people were there at the meetings?
| – About fifty at **one** of them and a hundred at **the other**.
| – Two hundred?
| – No, **one** hundred.
| → *– Il y a eu combien de personnes aux réunions ?*
| *– Une cinquantaine à l'**une** et cent à l'**autre**.*
| *– Deux cents ?*
| *– Non, cent.*

◆ *one* : « un/une », au sens de « un certain/une certaine ».

| I'll tell you **one** thing. **One day** you'll regret this.
| → *Je vais te dire **une** chose. **Un jour** tu le regretteras.*

| **One** of these days I'm going to buy myself a Jaguar.
| → ***Un** de ces jours je vais m'acheter une Jaguar.*

| **One** person you could ask is the chimney sweep.
| → ***Une** personne qui pourrait te renseigner, c'est le ramoneur.*

A, an *ou* one ?

There are two ways to make ... a cup of tea. ... way is to put loose tea *(en vrac)* in ... pot – ... teaspoon for each person and ... for the pot. The other way is to use teabags. ... tea bag is usually enough to make two cups. But ... thing you must always remember is to heat the pot before you start.

➥ Corrigé p. 139

3 *across • through*

She walked **through** the forest.

She walked **across** the bridge.

→ *Elle a **traversé** la forêt à pied.*
→ *Elle a **traversé** le pont à pied.*

Les deux mots se traduisent de la même manière, mais quelle est la différence ?

◆ *across* : insiste sur l'idée d'aller d'un côté à l'autre, sans obstacle. On voit l'espace à deux dimensions.

She walked **across** the road.
→ *Elle a **traversé** la route.*

He put a rope **across** the doorway.
→ *Il a mis une corde **en travers de** l'entrée.*

◆ *through* : insiste sur l'idée d'obstacle. On voit l'espace à trois dimensions.

The plane was flying **through** the clouds.
→ *L'avion volait **à travers** les nuages.*

The rope was to stop people from going **through** the doorway.
→ *La corde devait empêcher les gens de **franchir** la porte.*

Remarques

Quelquefois on peut employer les deux avec une légère différence.

They drove **across** Paris at dawn.
→ *Ils ont **traversé** Paris en voiture à l'aube.*

They drove **through** Paris in the rush hour.
→ *Ils ont **traversé** Paris aux heures de pointe.*

Across ou through ?

They watched him ... the window as he made his way ... the crowd and then ran ... the street and disappeared ... a door. ➡ Corrigé p. 139

4 *actually* ≠ « *actuellement* »

Actually she plays the piano quite well. ***En fait*** *elle joue assez bien du piano.*	***Actuellement*** *elle joue du piano six heures par jour.* **At the moment** she's playing the piano six hours a day.

Ces deux mots se ressemblent, mais ils n'ont pas le même sens.

◆ *actually* n'a rien à voir avec le temps. Il se traduit par « en fait », « réellement », « vraiment ».

actual : « vrai », « réel », « même ».

> What did they **actually** decide?
> → *Qu'est-ce qu'ils ont décidé **en fait** ?*
>
> On the **actual** day of the wedding she was overcome by doubts.
> → *Le jour **même** du mariage elle eut des doutes sur sa décision.*

◆ « **actuellement** » : *at the moment/at present.*

« **actuel** » : *present/present-day.*

> *Ils sont **actuellement** en train d'élargir la route.*
> → They're widening the road **at the moment**.
>
> *Son travail **actuel** est très intéressant.*
> → Her **present** job is very interesting.

Traduisez en français (1-3) et en anglais (4-5).

1. Actually I don't really like classical music.
2. She's actually at work at the moment.
3. The actual price of the book was 60 francs.
4. *Leur maison actuelle est trop petite.*
5. *Le prix du voyage est actuellement très élevé.*
6. *Qu'est-ce que vous avez visité en fait au Japon ?*   ➡ Corrigé p. 139

Anglais

5 *advertisement* ≠ « *avertissement* »

Did you see that **advertisement** on TV for lemonade? *Tu as vu cette* **publicité** *pour la limonade à la télé ?*	*Il faut tenir compte des* **avertissements** *de la police.* You mustn't ignore **warnings** from the police.

Ces deux mots se ressemblent, mais ils n'ont pas le même sens.

◆ *an advertisement* : « une publicité/réclame », « une annonce ».

advertising : « la publicité ».
to advertise : « faire de la publicité ».

> There are a lot of **advertisements** for cars in that magazine.
> → *Il y a beaucoup de pages de publicité pour les voitures dans ce magazine.*
>
> **Advertising** is expensive.
> → *La* **publicité** *coûte cher.*
>
> I saw an **advertisement** for a job as a gardener.
> → *J'ai vu une* **annonce** *pour un emploi de jardinier.*

◆ « *un avertissement* » : *a warning* ; « avertir » : *to notify* ; « avertir de quelque chose de mauvais » : *to warn*.

> *Elle n'a eu qu'un* **avertissement** *avant d'être renvoyée.*
> → She was only given one **warning** before she was sacked.
>
> *Elle fut* **avertie** *par son médecin qu'elle devait s'arrêter de fumer.*
> → She was **warned** by her doctor to stop smoking.

Mettez une forme appropriée de warn, warning ou advertisement.

We told them not to believe everything the … said about that tent but they ignored our … . The … said it was easy to put up but we … them it wasn't. And the … said it was big enough for three but we … them there was only room for two. The … did contain the …, though, that the tent wasn't completely waterproof. That was the only part of the … that was true.

➡ Corrigé p. 139

---

6 *advice* • « *conseil(s)* »

conseil non comptable

The doctor gave me some good **advice**: wear a hat. *Le médecin m'a donné un bon* **conseil** : *porter un chapeau.*	The **advice** he gave us was useful. *Les* **conseils** *qu'il nous a donnés étaient utiles.*

◆ « **conseils** » : en français, on dit « un conseil » ou « des conseils », c'est un nom dénombrable.

◆ *advice* : en anglais, *advice* est un nom indénombrable.

1. Il ne peut pas être précédé de *a/an* (ni de *one, two*, etc.).

 Si on veut mentionner le nombre précis de conseils, on peut dire : *one/two/three piece(s) of advice.*

2. Il ne peut pas prendre la marque du pluriel. Le verbe qui l'accompagne est toujours au singulier.

« un conseil » : *advice* ou *some advice* ou *a piece of advice.*
« un petit conseil » : *a small piece of advice.*
« des conseils » : *some advice.*
« peu de conseils » : *little advice.*
« beaucoup/pas beaucoup de conseils » : *a lot of/not much advice.*

> I want to give you **some advice** before you set out.
> → *Je veux vous donner* **un conseil/quelques conseils** *avant que vous vous mettiez en route.*
>
> The lawyer's **advice was** expensive.
> → *Les* **conseils** *de l'avocat* **étaient** *chers.*
>
> They gave us very **little advice** on how to use the machine.
> → *Ils nous ont donné très* **peu de conseils** *sur le mode d'emploi de la machine.*

Traduisez en anglais.

1. Si seulement j'avais suivi les conseils de mon professeur.
2. Suivez ces deux conseils et vous ne pouvez pas vous tromper.
3. Un petit conseil avant de commencer : lisez le mode d'emploi.
4. Ils ne nous ont pas donné beaucoup de conseils à ce sujet.
5. Ses conseils n'étaient pas appréciés. ➡ Corrigé p. 139

7 *afraid • frightened*

I was **afraid** of dogs when I was little.

I was **frightened** of dogs when I was little.

Il y a très peu de différence de sens entre ces deux phrases. Elles se traduisent par :

→ *J'avais **peur** des chiens quand j'étais petit.*

Mais il y a une différence grammaticale.

♦ *afraid* est un adjectif qui ne s'emploie jamais devant un nom.

You look **afraid** but there's no need to be **afraid**.
→ *On dirait que tu as **peur** mais il n'y a aucune raison d'avoir **peur**.*

I'm afraid est aussi une façon polie d'exprimer un regret (« Je suis désolé »), ou une crainte (« J'ai peur ») quand il est suivi de *may/might*.

I'm afraid she's gone. **I'm afraid** she **may** not be back today.
→ *Je suis désolé mais elle est partie et j'ai peur qu'elle ne revienne pas aujourd'hui.*

♦ *frightened* s'emploie comme verbe et comme adjectif qui peut précéder un nom.

The frightened child began to cry.   What **had frightened** her?
→ *L'enfant **apeuré** se mit à pleurer.   Qu'est-ce qui lui **avait fait peur** ?*

***Traduisez en utilisant** frightened (1 fois) et afraid (3 fois).*

Je suis désolé mais le colis *(= parcel)* n'arrivera pas à temps. J'ai demandé au bureau de poste et ils m'ont dit qu'ils regrettaient, mais ne pouvaient pas garantir *(= guarantee)* qu'il arriverait pour mercredi. Ils avaient peur qu'il n'arrive pas avant vendredi. Mais ils m'ont fait peur quand ils m'ont dit le prix pour l'envoyer en express *(= express delivery)*.

➡ Corrigé p. 139

8 *again • still • yet*

They've forgotten me **again**.

I'm **still** waiting for news of them.

I haven't heard from them **yet**.

Ces trois mots peuvent se traduire par « encore ».

> → *Ils m'ont oubliée **encore** une fois.*
> → *J'attends **encore** de leurs nouvelles.*
> → *Je n'ai pas **encore** eu de leurs nouvelles.*

◆ *again* : « encore », « à nouveau ».

> I've lost my keys **again**.
> → *J'ai **encore** perdu mes clefs.*

◆ *still* : « encore », au sens de « toujours ».

> I'm **still** looking for my keys.
> → *Je cherche **encore** mes clefs.*

◆ *not yet* : « pas encore ».

> I haven't found my keys **yet** / I haven't **yet** found my keys.
> → *Je n'ai pas **encore** trouvé mes clefs.*

Remarques

« Encore » + nom : *another / more.*

« Encore » + comparatif : *even.*

> *Veux-tu **encore** du dessert ? Je prends **encore** une part de tarte – une part **encore** plus grande...*
>
> → Would you like **more** pudding? I'll have **another** slice of tart – an **even bigger** one …

Again, still *ou* yet ?

The plane has been delayed … . It is … in London. It hasn't taken off … .
They're … checking the engines. They haven't found out what's wrong … .
I don't know if I … want to go on it. ➡ Corrigé, p. 139

Anglais

9 *ago • for/since*

→ *J'ai arrêté de fumer **il y a** cinq ans.*
→ *Je ne fume plus **depuis** cinq ans/**depuis que** j'ai quitté l'école.*
(***Il y a** cinq ans **que** je ne fume plus.)*

◆ *ago* est toujours employé avec un temps passé (le prétérit simple ou le prétérit progressif).

I **met** them two years **ago.**
→ *Je les **ai rencontré(e)s il y a** deux ans.*

He **visited** Venice a long time ago.
→ *Il **a visité** Venise **il y a** longtemps.*

◆ *for/since* sont employés avec le *present perfect* si l'action/l'état continue dans le présent.

I've **known** them **for** two years/**since** 1993. (I still know them).
→ *Je les connais **depuis** deux ans/**depuis** 1993.*

I **haven't been** to Venice **for** a long time.
→ ***Il y a** longtemps **que** je ne suis pas allé(e) à Venise.*
*(Je ne suis pas allé(e) à Venise **depuis** longtemps.)*

Traduisez en anglais.

Cher Charles,

Il y a longtemps que je n'ai pas eu de tes nouvelles. Comment ça va ? Je veux te raconter ce qui m'est arrivé il y a un mois, mais il serait difficile de l'expliquer dans une lettre. Peut-on se donner rendez-vous quelque part ? Au *Wild Boar* (= Au Sanglier) par exemple ? Je n'y suis pas allé depuis des mois. J'espère qu'il existe toujours !

À bientôt, Ben.

P.S. J'ai reçu une carte de Francis il y a une semaine. Il est au Portugal depuis six mois. ➥ Corrigé p. 139

---

10 all • whole • every

She worked **all** day.

She worked the **whole** day.

She worked **every** day.

→ *Elle a travaillé **toute** la journée.*
→ *Elle a travaillé la journée **entière**.*
→ *Elle a travaillé **tous** les jours.*

◆ *all* : « tout ». Il s'emploie avec des noms au singulier et au pluriel. Devant un pronom ou un nom propre, on dit *all of*.

All his life he's been poor.
→ ***Toute** sa vie il a été pauvre.*

All the wires were broken.
→ ***Tous** les fils étaient cassés.*

We listened to **all of** "Sergeant Pepper" in the car. Yes, **all of** it.
→ *Nous avons écouté **tout** "Sergeant Pepper" dans la voiture. Oui, **tout**.*

◆ *the/a whole* : « tout », au sens de « entier ». Il ne s'emploie qu'avec des noms au singulier. Devant un pronom ou un nom propre on dit *the whole of*.

His **whole** life he's been poor.

We listened to **the whole of** "Sergeant Pepper" in the car.

◆ *every* : « tout/tous », au sens de « chaque ». Il ne s'emploie qu'avec des noms au singulier.

I see him **every** month and he asks after you **every** time.
→ *Je le vois **tous** les mois et **chaque** fois il demande de tes nouvelles.*

Traduisez les mots entre parenthèses.

It's not possible to see ... *(tout)* Venice in a few days. To see ... (*le tout*) you need at least a month. You could spend ... (*une journée entière*) in St Mark's Square, for example. We go there ... (*tous les ans*) and ... (*tous les jours*) we discover some place new.   ➡ Corrigé p. 140

11   *although • though*

> **Although** I like him, I could never marry him.
>
> **Though** I like him, I could never marry him.

→ *Bien que/Quoique je l'aime bien, je ne pourrais jamais l'épouser.*

Il n'y a pas de différence entre *although* et *though*, sauf que *although* est un peu plus formel.

Mais dans certains contextes, seul *though* peut être employé.

◆ *even though* est un peu plus fort que *although/though.*

Even though I like him, I could never marry him.

◆ *as though* = *as if* : « comme si ».

He behaves **as though/as if** he owned the place.
→ *Il se conduit **comme si** tout lui appartenait.*

◆ *though* en fin de phrase : « pourtant/quand même ».

I could never marry him. I like him, **though.**
→ *Je ne pourrais jamais l'épouser. **Et pourtant** je l'aime bien.*

Remarques

• Prononciation : *although* et *though* riment avec *no, so.*

• Les prépositions *in spite of/despite* peuvent exprimer la même idée.

I like him but **in spite of** this**/despite** this, I couldn't marry him.
→ *Je l'aime bien, mais **malgré** ça je ne pourrais pas l'épouser.*

Although, though, in spite of *ou* despite ?

… it's noisier and … it's more tiring, I still prefer living in a city to living in the country. Even … it also means I don't see a cow from one end of the year to the other. I still prefer to live among people … all the disadvantages. I like the country, … .   ➡ Corrigé p. 140

---

12 *always • still*

Les deux mots se traduisent par « toujours ».

→ *Ils vont **toujours** en Espagne pour les vacances. Ils ne vont jamais ailleurs.*
→ *Ils vont **toujours** en Espagne pour les vacances bien que cela leur revienne de plus en plus cher.*

Mais quelle est la différence entre *always* et *still* ?

◆ *always* : « toujours », au sens de « tout le temps ».

That shop is **always** open. It never closes.
→ *Ce magasin est **toujours** ouvert. Il ne ferme jamais.*

He **always** talks about his time in the army whenever we meet.
→ *Il parle **toujours** de son service militaire à chacune de nos rencontres.*

◆ *still* : « toujours », au sens de « encore ».

That shop is **still** open. It never closes before 8 o'clock.
→ *Ce magasin est **toujours** ouvert. Il ne ferme jamais avant 8 heures.*

He **still** talks about his time in the army though it was a long time ago.
→ *Il parle **toujours** de son service militaire bien que cela remonte à longtemps.*

Always *ou* still ?

1. It ... rains on Sunday. It never seems to rain on any other day.
2. He is ... waiting. He has been standing there for the last hour.
3. I ... think you should have asked them in spite of what you say.
4. Why does he ... phone while I'm eating ?
5. The temperature is ... rising. It will soon be in the 80's (F).
6. In the 18th century France was ... a monarchy. ➥ Corrigé p. 140

13 *ancient* • « *ancien* »

I never studied **ancient** history at school. Je n'ai jamais étudié l'histoire **ancienne** à l'école.	J'ai rencontré mon **ancien** patron en ville hier. I met my **former** boss in town yesterday.

Ces deux mots se ressemblent, mais ils n'ont pas toujours le même sens.

♦ *ancient* : « ancien », « antique ». Il s'emploie pour parler d'une époque très éloignée dans le temps.

> They read us stories of **Ancient** Greece.
> → *Ils nous ont lu des histoires de la Grèce* ***antique.***
>
> Celebrating the New Year is a very **ancient** custom.
> → *La célébration du Nouvel An est une coutume très* ***ancienne.***

♦ « ancien » : au sens de « du temps passé » : *old.*

> *Quand ils sont en vacances, ils ne font que visiter des églises* ***anciennes.***
> → When they're on holiday they do nothing but visit **old** churches.

« ancien » : au sens de « qui n'a plus l'état ni la qualité indiqués par le nom » : *former.*

> *Les* ***anciens*** *élèves de l'école furent invités au centenaire.*
> → **Former** pupils of the school were invited back for its centenary.

Ancient, old *ou* former ?

The ... director of the Rossetti Institute phoned me the other day to say she's writing a book about ... churches. She wanted the phone number of a ... colleague whom she thought knows a lot about them. But I think he specialises in Greek architecture – ... ruins – that sort of thing. I told her to contact the ... headteacher of her local school who's an authority on the subject.   ➡ Corrigé p. 140

---

14 *any • some*

I haven't **any**thing to wear.
I must buy **some** clothes.

→ *Je n'ai rien à me mettre.*
→ *Je dois acheter des vêtements.*

◆ *any* (et *anyone/anybody/anything*) : s'emploie dans les phrases négatives et normalement dans les questions.

Can you do **anything** to help? Jo can't do **anything**.
→ *Tu peux faire quelque chose pour m'aider ? Jo ne peut rien faire.*

◆ **some** (et *someone/somebody/something*) : s'emploie dans les phrases affirmatives.

I'm looking for **someone** to make **some** curtains.
→ *Je cherche quelqu'un pour faire des rideaux.*

some/any : *some* peut s'employer aussi dans les questions surtout si on pense à quelque chose de spécifique.

Do you want **something**? Do you want **some** cake? (**some** of this cake).
→ *Tu veux quelque chose ? Tu veux du gâteau ? (de ce gâteau-ci ?).*

Any s'emploie aussi dans les phrases affirmatives surtout après *if* si on veut dire « n'importe quel ».

If you have **any** problem(s) (at all), let me know.
→ *Si vous avez n'importe quel problème/un problème quelconque, faites-le-moi savoir.*

Remarques

Any s'emploie après les « négatifs » *hardly, scarcely, without*.

They left with hardly/scarcely **any** luggage.
→ *Ils sont partis avec presque pas de bagages.*

Any *ou* some ?

I took hardly ... photos when I was on holiday. One day there were ... buildings I wanted to take ... pictures of, but I hadn't ... film in the camera and I was without ... money to buy ... . And then the camera was stolen.

➥ Corrigé p. 140

15 *as • like*

> He reacted **as** a soldier.
>
> He reacted **like** a soldier.

As et *like*, suivis d'un nom ou d'un groupe nominal, se traduisent tous les deux par « comme ».

→ *Il a réagi **comme** un soldat.*

◆ *as* : « comme », au sens de « en tant que ».

He worked **as** a taxi-driver when he was in London.
→ *Il travaillait **comme** chauffeur de taxi quand il était à Londres.*

As a student she got into the show at a reduced price.
→ ***En tant qu'étudiante**, elle a pu entrer au spectacle avec un tarif réduit.*

◆ *like* : « comme », au sens de « pareil à ».

She speaks **like** her mother, in a very soft voice.
→ *Elle parle **comme** sa mère d'une voix très douce.*

Do **like** me, buy a lottery ticket.
→ *Faites **comme** moi, achetez un billet de loterie.*

Remarques

En anglais soigné, devant une proposition ou une préposition, on emploie *as*.

Do **as** I do, buy a lottery ticket. (as + *proposition*).
→ *Faites **comme** je fais, achetez un billet de loterie*

Do **as** in school. (as + *préposition*).
→ *Faites **comme** à l'école.*

As *ou* like ?

1. She speaks just ... a Frenchwoman, though she's Armenian.
2. I speak ... a qualified engineer so I know what I am talking about.
3. ... a barmaid she used to drink ... a fish.
4. I give this recipe ... an example of what can be done with left-overs
(= *les restes*). ➡ Corrigé p. 140

---

pièges et difficultés **19**

16 as far as • as long as

As far as I know, they can come.

As long as I know, they can come.

→ **Autant que** je sache, ils peuvent venir.
→ **Pourvu que** je le sache, ils peuvent venir.

◆ *as/so far as* : « autant que », « pour autant que ».

As far as I know the parcel has arrived.
→ **Pour autant que** je le sache, le colis est arrivé.

So far as I remember I put the eggs in the fridge.
→ **Autant que** je puisse m'en souvenir, j'ai mis les œufs au frigo.

As far as I can judge both parties want peace.
→ **Autant que** je puisse en juger, les deux parties veulent la paix.

◆ *as/so long as* : « pourvu que », « du moment que », « à condition que ».

Butter won't harm you **as long as** you don't eat too much of it.
→ Le beurre ne fait pas de mal **à condition** de ne pas en manger trop.

– Can you help me?
– Yes, **so long as** you don't want me to light the fire.
→ – Tu peux m'aider ?
– Oui, **du moment que** tu ne me demandes pas d'allumer le feu.

Remarques

• Dans tous ces contextes, *so* a le même sens que *as*.

• On emploie *as / so long as* aussi dans le sens de « pendant / si ».

The heating won't work **as long as** the timer is switched off.
→ Le chauffage ne marchera pas **si** la minuterie est éteinte.

Traduisez en anglais.

Je veux bien faire du bateau à condition que le bateau ne soit pas trop ballotté (*go up and down*), mais autant que je sache il n'y a pas de voilier qui ne ballote pas. ➡ Corrigé p. 140

17 *as far as • until • up to*

↳ *Avant*

They walked **as far as** the lake and then they stopped.

They walked **until** midday and then they stopped.

Up to then they hadn't felt tired.

Dans toutes ces phrases, on utilise « jusqu'à » en français.

→ *Ils marchèrent* **jusqu'au** *lac et ensuite ils s'arrêtèrent.*
→ *Ils marchèrent* **jusqu'à** *midi et ensuite ils s'arrêtèrent.*
→ **Jusqu'à** *ce moment-là, ils ne s'étaient pas sentis fatigués.*

Mais quelle est la différence ?

◆ *as far as* : s'emploie pour la distance parcourue.

Where did they get to?   – **As far as** the town centre.
→ *Jusqu'où sont-ils arrivés ?*   → – **Jusqu'au** *centre ville.*

◆ *until* (ou *till* – forme plus familière) : s'emploie pour le temps.

I'll wait **until** this evening and then I'll leave.
→ *J'attendrai* **jusqu'à** *ce soir et puis je partirai.*

◆ *up to* (on dit aussi *up till*) : s'emploie plus rarement pour le temps. On le trouve le plus souvent avec *now* et *then*. Il s'emploie aussi pour la quantité.

Up to (up till) now they haven't reached any agreement on this issue.
→ **Jusqu'à** *présent ils ne se sont pas mis d'accord sur cette question.*

This car holds **up to** five people.
→ *On peut prendre* **jusqu'à** *cinq personnes dans cette voiture.*

As far as, until, till ou up to ?

We took a plane on the Monday ... London and then we got a train which took us ... Fort William. Then we took another train ... Mallaig and there we took a boat. We didn't get to Skye ... 4 o'clock on the Tuesday. ... then I had never been in such wild places.   ➥ Corrigé p. 140

---

18 *at • in*

She works **in** London.

They stopped **at** Grinley on their way to London.

→ *Elle travaille à Londres.*
→ *Ils se sont arrêtés à Grinley, en allant à Londres.*

◆ *at* : en règle générale = « à ».

at the corner of the street
→ **au** *coin de la rue*

◆ *in* : en règle générale = « dans », « en ».

in a corner of the room
→ **dans** *un coin de la pièce*

Mais pour les noms de lieux, *at* et *in* se traduisent tous les deux par « à ». En règle générale, *at* s'emploie si on s'arrête pour très peu de temps et surtout si le lieu n'est pas important. Il est vu comme « un point » dans l'espace.

– We stopped for one night **at** Wickley, a small village near Hull.
– Oh, I've some friends who've lived **in** Wickley for years.
→ *– Nous nous sommes arrêtés une nuit à Wickley, un petit village près de Hull.*
– Oh, j'ai des amis qui habitent à Wickley depuis des années.

Mais on peut employer *at* aussi pour les lieux importants si on est vraiment de passage.

The plane landed **at** Paris on the way to Indonesia.
→ *L'avion a fait escale à Paris en route pour l'Indonésie.*

Pour les lieux de travail et les institutions, on a aussi tendance à employer *at : at church, at school, at work, at the office.*
Mais : *in the country, in hospital.*

At *ou* in ?

The train from Edinburgh to London stopped ... Newcastle, ... York and ... Doncaster and ... several places in between. I've a friend who is ... university ... York so I nearly got out there.   ➡ Corrigé p. 140

---

19 _balance_ ≠ « _balancer_ »

They haven't managed to **balance** the budget. _Ils ne sont pas parvenus à **équilibrer** le budget._	_Elle était assise sur le tabouret et **balançait** les jambes._ She was sitting on the stool **swinging** her legs.

Ces deux mots se ressemblent, mais ils n'ont pas toujours le même sens.

◆ _to balance_ : « équilibrer », « tenir en équilibre », « compenser », « contrebalancer ».
balance : « équilibre ».
balanced : « équilibré », « judicieux ».

> Can you **balance** a spoon on the end of your nose?
> → _Pouvez-vous **tenir** une cuillère **en équilibre** sur le bout de votre nez ?_
>
> The money we win will only just **balance** the money we lose.
> → _L'argent qu'on gagnera **compensera** à peine l'argent qu'on perdra._
>
> They have very **balanced** views on the subject.
> → _Ils ont des vues très **judicieuses** sur le sujet._

◆ « **balancer** » : _to swing, to rock._

> _Ne te **balance** pas sur cette balançoire. Elle est cassée._
> → Don't **swing** on that swing. It's broken.

Remarques

« **Balancer** », au sens familier de « jeter » : _to throw, to chuck._

> _Je vais balancer cette paire de chaussures._
> → I'm going to **throw** this pair of shoes out.

Traduisez en français (1-3) et en anglais (4-6).

1. She's a very well-balanced person.
2. He was doing his best to keep his balance.
3. We must be careful not to destroy the balance of power.
4. _Les roues ont besoin d'être équilibrées._
5. _Il a perdu l'équilibre en descendant la pente (= slope)._
6. _Elle a balancé le livre par la fenêtre._   ➡ Corrigé p. 140

---

pièges et difficultés   **23**

20 *bath • bathe*

He **baths** the baby every day.

He **bathes** all year in spite of the cold.

Ces deux mots se ressemblent, mais ils ont un emploi différent.

> → Il **donne un bain** au bébé tous les jours.
> → Il **se baigne** toute l'année malgré le froid.

◆ *to bath* + **nom** = *to give someone a bath* : « baigner/donner un bain à quelqu'un ».

to have a bath : « prendre un bain » ; *a bath* : « une baignoire ».

> They **bath** the dog every week.
> → Ils **donnent un bain** au chien toutes les semaines.

◆ *to bathe, to swim* : « se baigner ».

to sunbathe : « prendre un bain de soleil ».

> You go for a swim. I'm going to **sunbathe**.
> → Va te baigner. Moi je vais **prendre un bain de soleil**.

to bathe + nom = *to bathe a wound* : « baigner une blessure ».

> I told him to **bathe** his swollen finger.
> → Je lui ai dit de **baigner** son doigt enflé.

Remarques

Bath se prononce toujours avec un **a** [ɑː] comme dans *arm*.

Bathe se prononce toujours avec un **a** [eɪ] comme dans *game*.

En anglais-américain, *to bathe* : « prendre un bain ».

> I always **bathe** after baseball.
> → Je **prends** toujours **un bain** après le base-ball.

Bath, have a bath, bathe *ou* sunbathe ?

The sea wasn't warm enough to … in. She spent the day … instead. Then she went home and … and then she … the dog which was covered in sand. After that she … her eyes which were sore *(= douloureux)* from so much sun.
➡ Corrigé p. 140

---

21 *be to • have to*

They **were to** arrive at 9 a.m.

They **had to** arrive at 9 a.m.

→ *Ils **devaient** arriver à 9 h. (C'était convenu).*
→ *Ils **devaient** arriver à 9 h. (C'était obligatoire).*

◆ *be to* : cette forme ne se trouve qu'au présent et au prétérit. Elle exprime un projet convenu à l'avance. Au présent, elle peut aussi exprimer un ordre très formel.

He **was to** leave yesterday but the plane was cancelled.
→ *Il **devait** partir hier, mais le vol a été annulé.*

We **are to** meet the guide outside the hotel.
→ *Nous **devons** attendre le guide devant l'hôtel.*

Immediately you arrive in Berlin you **are to** contact the embassy.
→ *Dès votre arrivée à Berlin vous **devez** contacter l'ambassade.*

◆ *have to* : *be obliged to*.

They **had to** be at the airport one hour before their departure time.
→ *Ils **devaient** être à l'aéroport une heure avant leur départ.*

Remarques

Pour les horaires, on emploie *be due to*.

The train **is due to** depart in five minutes.
→ *Le train **doit** partir dans cinq minutes.*

Traduisez en anglais.

Gloria Pink, célèbre funambule *(= tightrope walker)*, doit arriver aujourd'hui à Brigley. Son avion atterrit à 17 h. Elle sera accueillie par le maire, M. Rick, qui doit la conduire directement au théâtre où elle doit apparaître sur scène à 21 h. M. Rick n'aime pas ce genre de spectacle mais, en tant que maire, il doit y assister. ➡ Corrigé p. 141

---

pièges et difficultés

22 *before • by* avant limite de temps

> We'll be there **before** Wednesday.
> We'll be there **by** Wednesday.

→ *Nous serons là **avant** mercredi.*
→ *Nous serons là mercredi **au plus tard**.*

◆ *before* : « avant ».

We will know **before** the week-end.
→ *On saura **avant** le week-end.*

Before you get this letter I will have left the country.
→ ***Avant** que tu ne reçoives cette lettre, j'aurai quitté le pays.*

◆ *by* : exprime l'idée d'une limite dans le temps.

If we hurry we'll be home **by** midnight.
→ *Si on se dépêche, on sera rentré **pour** minuit.*

The letter should be there **by** now. I posted it Monday.
→ *La lettre devrait **déjà** être arrivée. Je l'ai postée lundi.*

Remarques

Devant une proposition, on emploie *by the time*.

By the time we know, it will be too late.
→ ***Le temps qu'**on sache, il sera trop tard.*

By the time you make up your mind, the train will have left.
→ ***D'ici à ce que** tu te décides, le train sera parti.*

Traduisez ce dialogue en anglais.

– Il faut qu'on finisse de manger d'ici neuf heures parce que je veux être installé devant la télé à neuf heures dix au plus tard.
– Ce n'est pas un problème parce qu'il est maintenant huit heures et le temps que je finisse de préparer le repas, il sera huit heures trente. D'ici là on aura si faim qu'on mangera très vite. ➡ Corrigé p. 141

---

23 *beside* • *close to* *in front of* • *opposite*

à côté de · *près de* *devant* *en face de* .

He's standing **in front of** the post-office **beside** the phone box.

She's standing **opposite** the post-office **close to** the bus-stop.

→ *Il est **devant** le bureau de poste **à côté de la** cabine téléphonique.*
→ *Elle est **en face du** bureau de poste **près de** l'arrêt de bus.*

◆ *beside (next to)* : « à côté de ».

She was sitting **beside** a large man.
→ *Elle était assise **à côté** d'un gros monsieur.*

◆ *close to (near)* : « près de ».

Close to him, just a few feet away, was a big dog.
→ ***Près de** lui, à moins d'un mètre, il y avait un gros chien.*

◆ *in front of* : « devant ».

In front of her was a push chair.
→ *Il y avait une poussette **devant** elle.*

◆ *opposite* : « en face de ».

Sitting **opposite** her, looking at her, was a young man in blue jeans.
→ *Assis **en face** d'elle, la regardant, il y avait un jeune homme en blue-jean.*

Remarques

« Face à » + nom abstrait : *faced with / in the face of.*

Faced with the prospect of redundancy, he sold his car.
→ *Face à la possibilité d'être licencié, il a vendu sa voiture.*

Beside, close to, in front of *ou* opposite ?

They were sitting ... each other in the railway compartment. ... each of them, giving them no room to move their legs, was a suitcase and on the seat ... the woman was a large bag. As they got ... the frontier they began to get ready to leave the train. ➡ Corrigé p. 141

---

pièges et difficultés 27

24 *better • rather*

(handwritten: ferais mieux / [je] exprime préference)

I **had better** work.

I **would rather** watch television.

→ Je **ferais mieux** de travailler.
→ J'**aimerais mieux** regarder la télévision.

◆ *had better* + **infinitif** : s'emploie pour donner un conseil ou un avertissement.

You **had** (you'**d**) **better** slow down. The police are behind you.
→ Vous **feriez mieux** de ralentir. La police est derrière vous.

They **had** (they'**d**) **better** not go out or they'll catch cold.
→ Ils **feraient mieux** de ne pas sortir ou ils attraperont froid.

◆ *would rather* + **infinitif** : exprime une préférence.

I **would** (I'**d**) **rather** leave than stay and be bored.
→ J'**aimerais mieux** partir plutôt que de rester à m'ennuyer.

She wants me to invite them but I **would** (I'**d**) **rather** not.
→ Elle veut que je les invite, mais j'**aimerais mieux** pas.

Suivi d'un verbe au prétérit, *would rather* peut exprimer une demande.

I **would rather** you **didn't smoke**, if you don't mind.
→ Je **préférerais** que tu ne fumes pas, si cela ne te fait rien.

Remarques

It is better : « il vaut mieux ».

It is better to have loved and lost than never to have loved at all.
→ **Il vaut mieux** avoir aimé et perdu que de ne jamais avoir aimé. *(Citation)*

Mettez une construction avec rather *ou* better *au positif ou au négatif.*

Jo: I know you ... work in a chicken factory. I know you ... work outside. But I think that you ... apply for the job. And you ... tell them you're a vegetarian. You might not get the job if you did. ➡ Corrigé p. 141

---

bore • bother • annoy

I'm **bored** by all her talk about work.

I'm **bothered** about being late.

She **annoys** me with all her questions.

→ Elle **m'ennuie** avec toutes ses histoires de boulot.
→ Cela **m'ennuie** d'être en retard.
→ Elle **m'ennuie** avec toutes ses questions.

« Ennuyer » se traduit de plusieurs façons.

◆ *bore* : « ennuyer », au sens de « ne pas susciter d'intérêt ».
to be/feel bored : « s'ennuyer ».
a bore : « un casse-pieds ».
boring : « ennuyeux ».

Am I **boring** you? Am I talking too much?
→ Est-ce que je t'**ennuie** ? Je parle trop ?

That was a really **boring** film. I nearly fell asleep.
→ Ce film était vraiment **ennuyeux**. J'ai failli m'endormir.

◆ *bother, worry* : « ennuyer », au sens de « causer du souci ».

Sorry to have **bothered** you with my problems.
→ Excuse-moi de t'avoir **ennuyé** avec mes problèmes.

◆ *annoy, irritate* : « ennuyer », au sens de « agacer ».
annoyed : « ennuyé, agacé ».
annoying/irritating : « ennuyeux/agaçant ».

I find the way she interrupts me very **annoying**.
→ Je trouve très ennuyeuse/agaçante sa façon de me couper la parole.

Mettez une forme appropriée de bore, bother, irritate ou annoy.

He's always saying this town is very .... There is nothing to do here. It ...
me to listen to him. In fact I get quite angry. It doesn't seem to ... him that
his attitude offends the local people. Personally I'm never ... here. I'm
always busy. ➥ Corrigé p. 141

---

26 *bring • take*

Could you **bring** me **back** a cashmere scarf from Scotland?

Can you **take** this book **back** to the library for me?

Ces deux verbes se traduisent ici par « rapporter ».

→ *Pourrais-tu me **rapporter** d'Écosse une écharpe en cachemire ?*
→ *Peux-tu **rapporter** ce livre à la bibliothèque pour moi ?*

◆ *bring* : « apporter quelque chose à celui qui parle ou celui qui écoute », « amener ».

Do you want me to **bring** a bottle to the party?
→ *Tu veux que j'**apporte** une bouteille à la soirée ?*

Can I **bring** a friend?
→ *Je peux **amener** un ami ?*

◆ *take* : « porter/apporter quelque chose ailleurs », « emmener ».

Can you **take** this bag **back** to the shop for me?
→ *Tu peux **rapporter** ce sac au magasin pour moi ?*

I'll **take** them to the cinema and then I'll **take** them home.
→ *Je les **emmènerai** au cinéma et puis je les **ramènerai** chez eux.*

Remarques

On trouve la même différence entre *come* et *go*.

The French consul's **going back** to France Thursday and he's **coming back** next week.
→ *Le consul de France **retourne** en France jeudi et il **rentre** ici la semaine prochaine.*

I'm **going** to the station and after I'm **coming back** here.
→ *Je **vais** à la gare et je **reviens** ici.*

Mettez bring, take, come *ou* go *pour compléter la réplique de cette Écossaise.*

Whenever I ... back to France I ... them smoked salmon and I always ... you back a Camembert. What do you think I should ... them for a change? And what would you like me to ... you back – for a change?   ➥ Corrigé p. 141

---

27 *can • could (capacité, possibilité physique)*

> I **can** swim and I **can** speak English.
>
> I **could** swim and I **could** speak English.

→ *Je **sais** nager et je **sais** parler anglais.*
→ *Je **savais** nager et je **savais** parler anglais.*

◆ *can* : le présent = « savoir » (capacité) ou « pouvoir » (possibilité physique).

I **can** swim and I **can** lift heavy loads.
→ *Je **sais** nager et je **peux** soulever des poids lourds.*

Her new car **can** do 100 m.p.h.
→ *Sa nouvelle voiture **peut** monter jusqu'à 100 miles à l'heure.*

◆ *could* : le prétérit.

I **could** swim at nine and I **could** lift heavy loads.
→ *Je **savais** nager à neuf ans et je **pouvais** soulever des poids lourds.*

Her old car **could** do 120 m.p.h.
→ *Son ancienne voiture **pouvait** faire 120 miles à l'heure.*

Remarques

• On met *can* devant *see, hear, smell, feel* et *taste*.

I **can see** them dancing and I **can hear** them laughing.
→ *Je les **vois** danser et je les **entends** rire.*

• « Pouvoir » dans le passé, dans le sens de « réussir à » : *be able to*. *Could* s'emploie uniquement pour une possibilité physique.

They **were able to/managed to** find oil only after many years.
→ *Ils n'**ont pu** trouver du pétrole qu'après plusieurs années.*

Traduisez en anglais cette conversation.

– Je vois un piano dans la pièce d'à côté. Tu sais en jouer ?
– Oui, mais je n'en joue plus. J'ai enfin réussi à le vendre hier, mais nous n'avons pas pu le sortir. Nous ne pouvions même pas le soulever.

➡ Corrigé p. 141

---

pièges et difficultés   **31**

28 *can* • *may* (permission)

You **can** park your car here.

You **may** park you car here.

Ces deux phrases se traduisent de la même manière.

→ *Vous **pouvez** garer votre voiture ici.*

Il y a très peu de différence entre *can* et *may* – ils signifient tous les deux : « vous avez la permission ». Mais *may* est un peu plus cérémonieux que *can*.

May I smoke?

→ ***Puis-je*** *fumer ? (elle a posé la question au président.)*

Can I smoke?

→ ***Est-ce que je peux*** *fumer ? (elle a posé la question à son amie.)*

Remarques

• *Could* (conditionnel de politesse) s'emploie aussi dans les questions : *Could I …?*

• Au passé et au conditionnel, *may* devient *might*, et *can* devient *could.*

She asked if she **might/could** smoke.

→ *Elle a demandé si elle **pouvait** fumer.*

• Si on demande un service, on emploie seulement *can* ou *could*.

Can/Could you help me?

→ ***Pouvez***-*vous/**Pourriez**-vous m'aider ?*

Traduisez en employant can, could ou may.

(*Au téléphone*) :

– Puis-je parler à Madeleine, s'il vous plaît ?

– Puis-je demander votre nom ?

– C'est André à l'appareil.

– Je suis le père de Madeleine. Elle n'est pas là.

– Pourrais-je laisser un message ? Voulez-vous lui dire qu'elle peut venir à la maison dès qu'elle voudra ?

– Pourriez-vous me redire votre nom, s'il vous plaît ? ➡ Corrigé p. 141

29 can't (have) • must (have) (déduction)

He **can't** be French. He's wearing a kilt.

He **must** be Scottish. He's wearing a kilt.

> → Il **ne peut pas** être Français. Il porte un kilt.
> → Il **doit** être Écossais. Il porte un kilt.

◆ *can't* : une déduction négative au présent (100 % de chance).

> It **can't** be a sparrow. It has a yellow beak.
> → Cela **ne peut pas** être un moineau. Il a un bec jaune.

◆ *must* : une déduction positive au présent (100 % de chance).

> It **must** be a blackbird.
> → Ce **doit** être un merle.

can't have + **participe passé** : une déduction négative au prétérit (100 % de chance).

must have + **participe passé** : une déduction positive au prétérit (100 % de chance).

> He **can't have** been French. He was wearing a kilt.
> → Il **ne pouvait pas** être Français. Il portait un kilt.

> He **must have** been Scottish. He was wearing a kilt.
> → Il **devait** être Écossais. Il portait un kilt.

Remarques

Il ne faut pas confondre *had to* (obligation) et *must have* (déduction).

> She **had to** go. The plumber was waiting for her at the house.
> → Elle **a dû** partir. Le plombier l'attendait à la maison.

> She **must have** gone. Her coat isn't there.
> → Elle **a dû** partir. Son manteau n'est pas là.

Must, can't, must have *ou* can't have ?

Why did she fail her driving test? She … signalled properly *(= comme il faut)*. She … forgotten to look in her mirror. Or she … stayed in second gear *(= en seconde)*. Anyway she … driven well enough. But she … be disappointed now. ➡ Corrigé p. 141

---

30   *chance* ≠ « *chance* »

He seizes every **chance** to make fun of her.

I met them by **chance** on the underground.

*On a eu de la **chance** de les voir à Aix. On a failli les manquer.*

Ces deux mots se ressemblent, mais ils n'ont pas toujours le même sens.

> → *Il ne rate jamais l'**occasion** de se moquer d'elle.*
> → *Je les ai rencontrés par **hasard** dans le métro.*
> → We were **lucky** to see them in Aix. We nearly missed them.

◆ *chance* : « occasion ».

> If I have a **chance** I'll phone you.
> → *Si je trouve l'**occasion**, je t'appellerai.*

◆ *chance* : « hasard ».

> Don't leave it to **chance**. Book a ticket.
> → *Ne laisse pas cela au **hasard**. Réserve une place.*

◆ « **chance** » : au sens de « bonne fortune » = *luck*.

« avoir de la chance » : *to be lucky*.

« Bonne chance ! » : *Good luck !*

« heureusement » : *luckily*.

> *Elle n'a pas eu de **chance** avec la profession qu'elle a choisie.*
> → She didn't have any **luck** with the job she chose.

Remarques

Chance : « chance », dans le sens de « possibilité ».

> He has very little **chance** of winning.
> → *Il a très peu de **chances** de gagner.*

Luck, lucky, luckily *ou* chance ?

Betty has always been very ... . She bought a lottery ticket by ... last week and won £1m. I never have anything but bad ... but ... I'm married to Betty.   ➥ Corrigé p. 141

31 *cloth • clothes*

Her suit was made of beautiful woollen **cloth**.

Her **clothes** are always very fashionable.

→ *Son tailleur était fait d'un beau **tissu** de laine.*
→ *Ses **vêtements** sont toujours très à la mode.*

Ces deux mots se ressemblent, mais ils ont un sens différent.

Cloth a deux emplois.

◆ *cloth (material, fabric)* : « tissu ». C'est un nom indénombrable.

I bought some **cloth** to make a dressing gown with.
→ *J'ai acheté du **tissu** pour en faire une robe de chambre.*

◆ *a cloth* : « un morceau de tissu », « un chiffon », « un torchon », « une nappe ». Dans ce sens, *cloth* est un nom dénombrable.

Have you got **a** dry **cloth** to wipe these glasses with?
→ *Est-ce que tu as **un torchon** sec pour essuyer ces verres ?*

The restaurant has a lot of white linen table **cloths.**
→ *Le restaurant a beaucoup de **nappes** de lin blanc.*

◆ *clothes* : « vêtements ». C'est un nom qui s'emploie uniquement au pluriel.

« un vêtement » : *a garment, a piece of clothing.*

My **clothes** are all worn out. I'll have to buy some new ones.
→ *Mes **vêtements** sont tout usés. Je vais devoir en acheter des neufs.*

This is the only **garment** I have that I can wear.
→ *C'est le seul **vêtement** que je puisse porter.*

Remarques

Le **o** de *cloth* est prononcé comme le **o** [ɒ]de *lot*. Le **o** de *clothes* comme le **o** [əʊ] de *no. Clothes* est prononcé comme une seule syllabe.

Cloth, cloth(s) *ou* clothes ?

I've packed all my ... . I've even remembered two face ... *(= gants de toilette).* And I've put in some tweed ... because I want to make something while I'm away.   ➥ Corrigé p. 141

---

pièges et difficultés   **35**

32 *control* ≠ « *contrôler* »

She had difficulty **controlling** her laughter when he slipped.

*Elle a eu du mal à **maîtriser** son rire quand il a glissé.*

*Ils ne **contrôlent** pas toujours les bagages à la douane.*

They don't always **check** your luggage at the Customs.

Les deux mots se ressemblent, mais ils n'ont pas le même sens.

◆ *control* : « maîtriser », « diriger », « commander », « être maître de ». Il ne s'emploie jamais dans le sens de « vérifier ».

> The government want to **control** wages and prices.
> → *Le gouvernement veut **maîtriser** les salaires et les prix.*

> This switch **controls** the lighting.
> → *Ce bouton **commande** l'éclairage.*

◆ « **contrôler** » : *check, verify, inspect, examine.*

> *Nos passeports ont été **contrôlés** à la frontière.*
> → Our passports were **examined** at the frontier.

> *Faites attention ! Les comptes seront **contrôlés** par le chef comptable.*
> → Be careful ! The accounts will be **checked** by the chief accoutant.

Control *ou* check ?

You know the switch that ... the central heating ? Well, someone had switched it off by mistake. So when I got home last night the house was freezing ! I ... the thermostat to see if it was working because that is what ... the temperature and I thought maybe it was turned too low. Then I ... the timer *(= la minuterie)*. The timer ... the times the heating goes on and off. But that was working O.K. So I called the gas company and they sent a man and the first thing he did was to ... the switch. The second thing he did was to ask for £40.   ➥ Corrigé p. 142

---

33 *could • may • might* (probabilité)

> She **could** be wrong.
> She **may** be wrong.
> She **might** be wrong.

Toutes ces phrases peuvent se traduire par :

→ *Il se peut qu'elle ait tort.*

Elles expriment toutes une déduction ou une probabilité moyenne (55-40 % de chances).

He **could/may/might** be here in time for dinner, you never know.
→ *Il pourrait être ici à temps pour le dîner, on ne sait jamais.*

Remarques

• *Could have, may have* et *might have* + **participe passé** sont les équivalents au passé.

She **could have/may have/might have** been wrong yesterday at the meeting.
→ *Il se peut qu'elle ait eu tort hier à la réunion.*

• *Couldn't* et *couldn't have* n'ont pas le sens de probabilité, mais seulement le sens d'impossibilité.

She **couldn't** be wrong. She **couldn't have** been wrong.
→ *Ce n'est pas possible qu'elle ait tort. Ce n'est pas possible qu'elle ait eu tort.*

Mettez could, couldn't, may *ou* might *au présent ou au passé selon le contexte.*

He ... be a policeman because he's not tall enough. But he ... be a journalist because he is always writing things down in a notebook. Yesterday he ... been asking you all those questions for nothing. Maybe he wants to write something about London in the 60's. You ... find yourself the subject of an article in a national newspaper. But I ... be wrong of course.
➡ Corrigé p. 142

---

pièges et difficultés

34 *could • should* (probabilité)

They **could** win the match on Saturday.
They **should** win the match on Saturday.

→ *Ils **pourraient** gagner le match samedi.*
→ *Ils **devraient** gagner le match samedi.*

◆ *could* (comme *may* et *might*) : la prédiction a 50 % de chances, à peu près, de se réaliser.

◆ *should* : la prédiction a 80 % de chances, à peu près, de se réaliser pour des possibilités souhaitées.

– The train **should** be on time.
– I'm not so sure. It **could** be late. There may be snow on the line.

→ *– Le train **devrait** être à l'heure.*
*– Ce n'est pas sûr. Il **pourrait** être en retard. Il pourrait y avoir de la neige sur la voie.*

Remarques

• Pour parler des possibilités non souhaitées, on emploie *will probably*.

The machine should work now. It shouldn't break down again. But it **will probably** make a lot of noise.
→ *La machine devrait marcher maintenant. Elle ne devrait pas retomber en panne. Mais elle **fera probablement** beaucoup de bruit.*

• Dans tous ces exemples, *may/might* peuvent remplacer *could*, et *ought to* peut remplacer *should*.

Dialogue entre un optimiste (O) et un pessimiste (P). Could *ou* should ?

O: The weather ... be fine tomorrow.
P: I don't know. It ... rain.
O: Yes, but it ... be all right in the morning.
P: Well, it ... be quite cold and windy.
O: But the weather forecast said it ... be warm.
P: Yes, but the weather forecast ... be wrong.   ➡ Corrigé p. 142

Anglais

35 ♦ daren't • don't dare

> I **daren't** ask if I can leave early this evening.
>
> I **don't dare** to ask if I can leave early this evening.

Ces deux phrases veulent dire la même chose.

> → Je **n'ose pas** demander si je peux partir de bonne heure ce soir.

Il y a seulement une différence de fréquence d'emploi et une différence grammaticale entre elles.

♦ *daren't* : *dare* peut fonctionner comme un verbe modal (pas de *to* ni de *do*), surtout au présent négatif.

> I **daren't** ask my boss. Would you dare ask her?
> → Je **n'ose pas** demander à ma patronne. Tu oserais lui demander, toi ?

♦ *don't dare* : *dare* fonctionne plus souvent comme un verbe principal, mais *to* n'est pas obligatoire.

> I **don't dare** (to) ask my boss. Would you dare (to) ask her?
> → Je n'**ose pas** demander à ma patronne. Tu oserais lui demander, toi ?
>
> I only once **dared** (to) climb a mountain alone.
> → Je n'**ai osé** qu'une fois faire l'ascension d'une montagne seule.

Remarques

I dare say : « Je suppose ».
How dare you! : « Comment oses-tu ! ».

> I **dare say** you're a little annoyed at having lost the match.
> → **Je suppose** que tu es un peu vexé d'avoir perdu le match.
>
> **How dare you** speak to me like that!
> → Comment oses-tu me parler sur ce ton ?

Traduisez en anglais en employant trois fois une forme de dare.

Je n'ose pas l'appeler maintenant. C'est trop tard. Je n'ose pas prendre le risque de le sortir du lit. De toute façon il m'a probablement oublié.

➥ Corrigé p. 142

---

pièges et difficultés

36   *dead • die*

> My dog is **dead**.
> He **died** last week.

→ *Mon chien est **mort**.*
→ *Il **est mort** la semaine dernière.*

◆ ***dead*** : « mort », ne fonctionne que comme adjectif.

Both his parents are **dead**.
→ *Ses parents sont **morts**.*

They have been **dead** for several years.
→ *Ils sont **morts** depuis plusieurs années.*

The **dead** were buried yesterday.
→ *Les **morts** ont été enterrés hier.*

◆ ***die*** : « mourir ».

She **died** without leaving a will.
→ *Elle **est morte** sans testament.*

How many people **died** in the earthquake?
→ *Combien de personnes **sont mortes** pendant le tremblement de terre ?*

Remarques

Born, comme *dead*, fonctionne comme adjectif avec le verbe *be*.

Emily Brontë was **born** in 1818 and died in 1888.
→ *Emily Brontë est **née** en 1818 et est morte en 1888.*

Very few babies are **born** at home in Britain.
→ *Très peu de bébés **naissent** à la maison en Grande-Bretagne.*

Mettez la forme appropriée de be born, die *ou* be dead.

Yeats ... in Ireland in 1865 but ... in France in 1939. He ... for nine years before his body was finally brought back to Ireland.   ➡ Corrigé p. 142

---

37 *deceive* ≠ « *décevoir* »

He has **deceived** the company for years about his qualifications.	Ils seront **déçus** si vous ne pouvez pas assister à leur mariage.
Depuis des années, il **trompe** la compagnie sur ses diplômes.	They'll be **disappointed** if you can't attend their wedding.

Ces deux mots se ressemblent, mais ils n'ont pas le même sens.

◆ *to deceive* : « tromper », « faire croire » ; *to deceive oneself* : « se faire des illusions » ; *deceptive* : « trompeur ».

> He **deceived** her into thinking he would leave her all his money.
> → Il lui a **fait croire** qu'il lui laisserait tout son argent.

> The lighting in the shop was very **deceptive**.
> → L'éclairage dans le magasin était très **trompeur**.

◆ « **décevoir** » : *to disappoint* ; « décevant » : *disappointing* ; « déception » : *disappointment*.

> – Il a été très **déçu** par ses résultats à l'examen.
> – Oui, ils ont été **décevants**.

> → He was very **disappointed** by his exam results.
> – Yes, they were **disappointing**.

> Quelle **déception** ! Ils ne viennent pas pour Noël.
> → What a **disappointment** ! They're not coming for Christmas.

Mettez une forme appropriée de disappoint *ou* deceive.

– The election results were a great … . I expected us to win.
– Well, the government were dishonest. They … us. They didn't tell us the truth. So it's not surprising that the results were … .
– You're right, I suppose. They shouldn't have … us by telling us they were going to lower taxes. ➡ Corrigé p. 142

---

pièges et difficultés

38 *delay* ≠ « *délai* »

Please excuse the **delay**. My car broke down.

Excusez-moi du **retard**. Ma voiture est tombée en panne.

Votre réponse devra nous parvenir dans un **délai** de dix jours.

Your reply should reach us **within** ten days.

Ces deux mots se ressemblent, mais ils n'ont pas le même sens.

◆ *delay* : « retard », « ralentissement » ;
to delay : « retarder » ;
to delay doing : « tarder à faire ».

There has been a **delay** on delivery time.
→ *Il y a eu un retard sur le délai de livraison.*

Serious **delays** are expected on the motorway.
→ *On prévoit de sérieux **ralentissements** sur l'autoroute.*

I don't want to **delay** you, so I won't say anything else.
→ *Je ne veux pas te **retarder**, je ne dirai donc plus rien.*

Don't **delay** send**ing** for the doctor.
→ *Ne **tarde** pas à faire venir le médecin.*

◆ **« délai »** : *time limit, time agreed, deadline, extension of time* ;
« dans le plus bref délai » : *as soon as possible* ;
« à bref délai » : *at short notice* ;
« sans délai » : *without delay* ;
« dans un délai de… » : *within*.

On doit renvoyer le document avant l'expiration du **délai**.
→ *The document must be returned before the **time limit** expires.*

Aucun **délai** ne sera accordé pour achever le travail.
→ *No **extension of time** will be granted in order to complete the work.*

Traduisez en anglais.

Le courrier a été retardé. Je ne sais pas quelle est la raison du retard, mais je ne vais pas pouvoir renvoyer cet appareil photo dans le délai prévu. Et si Photak ne le reçoit pas dans un délai d'une semaine, ils ne me le rembourseront pas.
➥ Corrigé p. 142

Anglais

do : I do like • I like

> I **do like** walking in the rain!
>
> I **like** walking in the rain.

→ *J'adore me promener sous la pluie !*
→ *J'aime me promener sous la pluie.*

◆ *do, does* ou *did* s'emploient comme auxiliaires dans une phrase affirmative :

1. pour insister sur ce qu'on dit.

I **do wish** you'd come. **Do think** about it!
→ *Je **voudrais tellement** que tu viennes. Penses-y, **je t'en prie**.*

I don't usually eat cheese but I **do like** Brie.
→ *D'habitude je ne mange pas de fromage, mais j'**aime bien** le Brie.*

2. pour confirmer quelque chose.

So he **did play** golf yesterday.
→ *Alors, j'avais raison, il **a bien joué** au golf hier.*

You **did telephone** them, you're sure of that?
→ *Tu leur **as bien téléphoné**, tu en es sûre ?*

3. pour contredire quelque chose.

– She doesn't like Aberdeen, does she?
– Yes, she **does like** Aberdeen.

→ *Elle n'aime pas Aberdeen, n'est-ce pas ?*
– ***Mais si**, elle **aime** Aberdeen.*

---

*Récrivez ces phrases en employant **do** ou **did** pour marquer l'insistance ou la contradiction.*

You are wrong about Jo. She fed the cat, she switched all the lights off, she turned down the central heating. She locked all the doors and she left the keys with the neighbours. I think you should make sure of your facts before you start accusing people. ➡ Corrigé p. 142

---

pièges et difficultés   **43**

40   *do • make*

Ces deux légendes peuvent se traduire par :

→ *Ne reste pas là à ne rien faire.* **Fais** *quelque chose !*

« Faire » correspond parfois à *do*, parfois à *make*, parfois à un autre verbe.

◆ *do* : s'emploie pour des activités imprécises.

Could you **do** something? Could you post this letter?
→ *Pourrais-tu* **faire** *quelque chose ? Pourrais-tu poster cette lettre ?*

What shall we **do** this week-end – after we've done our homework?
→ *Qu'est-ce que nous faisons ce week-end – après avoir fait nos devoirs ?*

Il s'emploie également pour parler des activités ménagères ou sportives dans les constructions *do* + verbe + *ing*.

Who **does the cleaning/cooking/ironing/shopping**… in your house?
→ *Qui* **fait** *le ménage/la cuisine/le repassage/les courses… chez vous ?*

On holiday I **did** some **swimming/cycling**.
→ *En vacances, j'***ai fait*** de la natation/de la bicyclette.*

Il s'emploie aussi dans certaines locutions comme :
to do an exercise : « faire un exercice » ;
to do the housework : « faire le ménage » ;
to do some homework : « faire des devoirs » ;
to do research : « faire de la recherche ».

The parents **did the housework** while their children **did their homework**.
→ *Les parents* **ont fait le ménage** *pendant que les enfants* **faisaient leurs devoirs**.

◆ *make* : s'emploie quand il y a une idée de création ou de construction.

> Could you **make** me a bookcase?
> → *Tu pourrais me **faire** une bibliothèque ?*

> They've **made** a lovely garden out of what used to be waste land.
> → *Ils ont **fait** un beau jardin de ce qui était un terrain inculte.*

Make s'emploie aussi dans de nombreuses expressions où il n'y a pas vraiment une idée de « création », par exemple :
to make a bed : « faire un lit » ;
to make a choice : « faire un choix » ;
to make an effort : « faire un effort »;
to make a fuss : « faire des histoires » ;
to make a decision : « prendre une décision » ;
to make an offer : « faire une offre » ;
to make plans : « faire des plans » ;
to make a mistake : « faire une faute »;
to make a noise : « faire du bruit » ;
to make progress : « faire des progrès » ;
to make a suggestion : « faire une suggestion ».

> **Making** progress involves **making** mistakes.
> → ***Faire** des progrès suppose **faire** des erreurs.*

Par ailleurs, il y a plusieurs cas où « faire » se traduit par un autre verbe.
to take steps : « faire des pas » ;
to pay attention : « faire attention » ;
to pay a compliment : « faire un compliment » ;
to go for a walk/a drive : « faire une promenade/faire une promenade en auto ».

> When you **go for a drive** this afternoon, **pay attention** to your speed.
> → *Quand tu feras une ballade en voiture cet après-midi, fais attention à la vitesse.*

Mettez la forme appropriée de do *ou* make.

Yesterday I ... the housework and I also ... a cake and ... the gardening. In fact I ... so much work that by 6 o'clock I was exhausted. The big mistake I ... then was to phone my friend Jim who's just finished ... his own boat. He invited me to go for a sail with him. I'd never ... any sailing before and I won't ... any again.   ➥ Corrigé p. 142

---

41 *during • for • while*

I met them **during** the war.

I lived with them **for** three years.

I lived with them **while** I was in France.

→ *Je les ai rencontrés* **pendant** *la guerre.*
→ *J'ai habité chez eux* **pendant** *trois ans.*
→ *J'ai habité chez eux* **pendant que** *j'étais en France.*

◆ *during* : répond à la question « quand ? », et est suivi d'un nom.

When did she break her leg ? – **During** the Christmas holidays/**During** a tennis match.
→ *Quand est-ce qu'elle s'est cassé la jambe ? –* **Pendant** *les vacances de Noël/***Pendant** *un match de tennis.*

◆ *while* : répond à la question « quand ? », et est suivi d'une proposition

When did she break her leg ? – **While** she was skiing./**While** she was playing tennis.
→ **Pendant qu'**elle faisait du ski. **Pendant qu'**elle jouait au tennis.*

◆ *for* + période de temps : répond à la question « pendant combien de temps ? ».

– How long was she in hospital? – **For** two days.
→ *Pendant combien de temps est-elle restée à l'hôpital. –* **Pendant** *deux jours.*

For, during *ou* while ?

Breakfast: Put some bacon in a frying pan and cook it ... five minutes.
... it is cooking, break an egg into a cup ready to add to the bacon. ...
this time also you can make toast and tea and, ... I think about it, don't
forget the marmalade. ... the meal, ... you're eating your bacon and
eggs, you can listen to the news on the radio but don't listen ... too long or
you'll be late for work. ➥ Corrigé p. 142

42 *each • every*

Father Christmas gave a present to **each** child.

Father Christmas gave a present to **every** child.

→ *Le Père Noël donna un cadeau à **chacun** des enfants.*
→ *Le Père Noël donna un cadeau à **tous les** enfants.*

Il y a très peu de différence entre ces deux phrases mais :

◆ *each* : est employé si on considère « chacun »
individuellement.

You will need a key for **each** lock.
→ *Il vous faudra une clé pour **chaque** serrure.*

Il s'emploie aussi comme pronom.

Each of them has done a drawing.
→ ***Chacune** d'elles a fait un dessin.*

We **each** gave our opinion.
→ *Nous avons donné notre avis/opinion, **chacun à notre tour.***

◆ *every* : est employé si « chacun » est considéré comme faisant
partie d'un tout. S'il n'y a que deux personnes ou deux choses, il
faut dire *both*.

You will need a key for **every** lock *(il y en a plus de deux)*.

You will need a key for **both** locks *(il y en a deux)*.

Remarques

Every ne s'emploie pas comme pronom. Il faut dire *every one*.

Every one of them has done a drawing.

Every one of us gave his/her opinion.

Each *ou* every ?

Now I want ... of you to fill in these forms. Use a separate form for ...
employer if you have more than one. ... form must have at the top your
name, address and insurance number. ➡ Corrigé p. 143

---

pièges et difficultés

43 *each other • themselves*

They were talking to **each other**.

They were talking to **themselves**.

→ Ils **se** parlaient (l'un à l'autre).
→ Ils **se** parlaient à (eux-mêmes).

◆ *each other* : est un pronom réciproque.

We haven't spoken to **each other** since Christmas.
→ Nous ne **nous** sommes pas adressé la parole depuis Noël.

You shouldn't laugh at **each other**.
→ Vous ne devriez pas **vous** moquer l'un de l'autre.

The two armies will quickly have destroyed **each other**.
→ Les deux armées auront vite fait de **se** détruire.

◆ *themselves, ourselves,* **etc.** : sont des pronoms réfléchis.

Do people who live by themselves talk to **themselves?**
→ Est-ce que les gens qui vivent seuls **se** parlent à **eux-mêmes ?**

One should laugh at **oneself** from time to time.
→ On devrait **se** moquer de **soi** de temps en temps.

They're working too hard. They're destroying **themselves**.
→ Ils travaillent trop. Ils **se** détruisent.

Remarques

One another a le même sens que *each other*.

Each other *ou* themselves ?

At first you think they're singing to ... because they're looking at ... . But then you realise they're singing to ... . Of course they're really singing to us. Opera is funny.
➡ Corrigé p. 143

44 *earn • win*

He **earned** a lot of money last week.

He **won** a lot of money last week.

→ *Il **a gagné** beaucoup d'argent la semaine dernière.*

Ces deux verbes se traduisent par « gagner ». Mais quelle est la différence ?

◆ *earn* : « gagner » en travaillant.

How does she **earn** a living?
→ *Comment **gagne**-t-elle sa vie ?*

◆ *win* : « gagner » une course, à la loterie.

He **won** the race easily.
→ *Il **a** facilement **gagné** la course.*

They say she **won** a fortune in the casino yesterday.
→ *On dit qu'elle **a gagné** une fortune au casino hier.*

◆ *reach* : « gagner », au sens de « arriver à », « atteindre ».

They **reached** the hut at two in the morning.
→ *Ils **ont gagné** le refuge à deux heures du matin.*

◆ *gain* : « gagner », « acquérir », « profiter ».

She **gained** experience and confidence working there.
→ *Elle **a gagné** en expérience et en confiance en elle en travaillant là.*

You'll **gain** time by taking a taxi.
→ *Tu **gagneras** du temps en prenant un taxi.*

You'll **gain** by exchanging your money at the frontier.
→ *Tu **gagneras** à changer ton argent à la frontière.*

Earn, gain, reach *ou* win ?

They ... time by not stopping to eat anything and ... the summit of the mountain by midday where they felt they had ... a good rest. They did not ... the race though. Two Hungarians were already installed there.

➥ Corrigé p. 143

45 *economic • economical*

What has happened to the government's **economic** policy?

The bicycle is a very **economical** means of transport.

Ces deux mots se traduisent par « économique » :

→ *Qu'est-il arrivé à la politique **économique** du gouvernement ?*
→ *La bicyclette est un moyen de transport très **économique**.*

• *economic* : s'emploie pour tout ce qui concerne l'économie.

They say that the **economic** situation is improving but I wonder.
→ *Ils disent que la situation économique s'améliore, mais j'ai un doute.*

To make the deal **economic** we have to raise the price.
→ *Pour rendre l'affaire rentable il faut augmenter le prix.*

• *economical* : « économique », dans le sens de « avantageux », « bon marché ».

It's more **economical** to buy the big size but we can't afford it.
→ *C'est plus avantageux d'acheter le grand modèle mais nous n'en avons pas les moyens.*

They're very **economical** in their habits. They never go out.
→ *Ils sont très économes dans leurs habitudes. Ils ne sortent jamais.*

Remarques

L'adjectif « politique » se traduit par *political* ; « la politique », au sens de « ligne de conduite » : *policy* ; « la politique », au sens de « sciences politiques » : *politics*.

She's not interested in **politics**. She hates **political** discussions. Her **policy** is to remain silent.
→ *Elle ne s'intéresse pas à la politique. Elle déteste les discussions politiques. Sa politique est de garder le silence.*

Economic *ou* economical ?

Was it the Minister for ... Affairs who told old people that the most ... way to keep warm was to knit *(= tricoter)* themselves woolly hats?

➥ Corrigé p. 143

46 *either • neither*

> He can afford to buy **either** car.
>
> He can afford to buy **neither** car.

→ *Il a de quoi acheter **l'une ou l'autre** des deux voitures.*
→ *Il n'a de quoi acheter **ni l'une ni l'autre** des deux voitures.*

◆ *either* : est positif. *Either … or* : « ou… ou », « soit… soit ».

Either this week **or** next would suit me. **Either** (of them).
→ ***Soit** cette semaine, **soit** la semaine prochaine me conviendrait. **L'une ou l'autre.***

◆ *neither* : est négatif. *Neither … nor* : « ni… ni ».

Neither this week **nor** next would suit me. **Neither of** them is O.K.
→ ***Ni** cette semaine, **ni** la semaine prochaine ne me conviendrait. **Ni l'une ni l'autre** ne me va.*

Mais si le verbe est négatif, il faut employer *either* pour éviter un double négatif.

I'm **not** free **either** tomorrow **or** the day after.
→ *Je **ne** suis libre **ni** demain **ni** après-demain.*

Either remplace *too* (« aussi ») pour traduire « non plus ».

I'm not free tomorrow and I'm **not** free the day after **either.**
→ *Je ne suis pas libre demain et je ne suis pas libre après-demain **non plus**.*

Remarques

Il faut toujours commencer par *either/neither*, puis les reprendre par *or/nor*.

Either you phone **or** you write **or** you go to see them.
→ ***Ou** vous téléphonez **ou** vous écrivez **ou** vous allez les voir.*

Either, or, neither *ou* nor ?

The government could have had … a referendum … an election. In the end they had … . They didn't ask parliament … . They consulted … the people … their elected representatives. ➨ Corrigé p. 143

47 *end : at the end • in the end*

> **At the end** of the lecture the audience clapped.
> **In the end** they decided not to go for a walk.

→ *À la fin de la conférence l'assistance a applaudi.*
→ *Finalement ils ont décidé de ne pas faire de promenade.*

◆ *at the end* : « à la fin » – d'une période de temps, etc.

At the end of three months he began to feel happier.
→ *Au bout de trois ans il a commencé à se sentir plus heureux.*

What happens **at the end** of the film? Is there a happy ending?
→ *Qu'est-ce qui arrive à la fin du film ? Il finit bien ?*

◆ *in the end = eventually* : « finalement », « finir par », « à la longue ».

She finished the painting **in the end** – after several years.
→ *Elle a achevé le tableau finalement – après plusieurs années.*

If you try hard enough you'll manage it **in the end**.
→ *Si tu fais beaucoup d'efforts tu finiras par y arriver.*

You get tired of travelling **in the end**.
→ *On se lasse de voyager à la longue.*

Remarques

On retrouve cette même différence entre *in* et *at the beginning*.

At the beginning of his illness he didn't complain.
→ *Au début de sa maladie, il ne se plaignait pas.*

In the beginning he worked very quickly!
→ *Il travaillait très vite au début.*

At *ou* in ?

... the beginning of the book she meets this doctor and ... the beginning she doesn't like him because she thinks he's cold. But then she discovers he is very warm so ... the end she falls in love with him and ... the end of the book they get married. ➡ Corrigé p. 143

48 *enough money • rich enough*

They have **enough money** to buy a castle.

They are **rich enough** to buy a castle.

En français, « assez » se place toujours avant le mot qu'il qualifie.

→ *Ils ont **assez d'argent** pour s'acheter un château.*
→ *Ils sont **assez riches** pour s'acheter un château.*

◆ *enough* money : en anglais, *enough* se place devant le nom.

There was **enough** rice but not **enough** sauce.
→ *Il y avait **assez** de riz, mais pas **assez** de sauce.*

Devant un déterminant ou un pronom, il faut dire *enough of.*

Are there **enough of** those paper clips/**enough of** them?
→ *Y a-t-il assez de ces trombones ?/Y en a-t-il assez ?*

◆ *rich **enough*** : en anglais, *enough* se met après un adjectif ou un verbe.

He talks **enough** and he's ambitious **enough** to be a lawyer.
→ *Il parle **assez** et il est **assez** ambitieux pour être avocat.*

They haven't a big **enough** house for all of them.
→ *Leur maison n'est pas **assez** grande pour eux tous.*

It's difficult **enough** for me to work without you interrupting.
→ *Il m'est déjà **assez** difficile de travailler sans tes interruptions.*

Remarques

« J'en ai (eu) assez (de faire…) » : *I've had enough (of + ing…).*

I've had enough of getting up at six every morning.
→ ***J'en ai eu assez** de me lever à six heures tous les matins.*

Traduisez en anglais.

Si j'ai assez de temps cet été et si je suis assez riche, je vais prendre des leçons de pilotage *(= flying lessons).* Ce sera assez facile à organiser parce que j'habite à côté d'un terrain d'aviation. Et si j'ai un assez bon moniteur, j'aurai mon brevet de pilote *(= my pilot's licence)* dans un an.

➡ Corrigé p. 143

49   *eventually* ≠ « *éventuellement* »

The bus will **eventually** arrive.
L'autobus *finira* par arriver/
Finalement l'autobus arrivera.

Il passera *éventuellement* un autobus.
Maybe a bus will come along.

Ces deux mots se ressemblent, mais ils n'ont pas le même sens.

◆ *eventually* : « tôt ou tard », « finalement », « finir par… », « à la fin ».

> She will pass the test **eventually**.
> → *Finalement* elle sera reçue à l'examen.

> He will **eventually** regret his decision to marry her.
> → *Tôt ou tard* il regrettera sa décision de l'épouser.

> This coat will **eventually** wear out, I suppose.
> → *Ce manteau finira par s'user, je suppose.*

◆ « *éventuellement* » : *maybe, perhaps, possibly, if … happen to, if necessary.*

> J'apporterai des sandwiches et *éventuellement* un gâteau.
> → I'll bring some sandwiches and **possibly** a cake.

> – Tu me conduiras à l'aéroport lundi ?
> – *Éventuellement.*
> → – Will you give me a lift to the airport on Monday?
> – **Maybe**.

> Elle sera *éventuellement* reçue à l'examen.
> → **Maybe** she'll pass the test.

> Ces bouteilles peuvent *éventuellement* être recyclées.
> → The bottles can, **if necessary**, be recycled.

Remarques

On retrouve la même différence entre *eventual* et « éventuel ».

◆ *eventual* : « final », « qui a suivi ».

> They are sure of their **eventual** victory.
> → *Ils sont sûrs d'une victoire **finale**.*
>
> Nobody foresaw his **eventual** ruin.
> → *Personne n'a prévu la ruine **qui a suivi**.*
>
> Their aim is the **eventual** eradication of the disease.
> → *Leur but **final** est de faire disparaître complètement la maladie.*

◆ « **éventuel** » : *possible, … that there may/might be.*

> *Nous nous occuperons d'**éventuelles** réclamations.*
> → We will deal with any (possible) complaints **that there may be**.
>
> *On craint une intervention **éventuelle** de l'État.*
> → People are afraid of **possible** state intervention.

Traduisez en français

1. Do you think she will eventually stand for election?
2. What do you plan to do eventually when you leave university?
3. I wonder what the eventual outcome of the negotiations will be.
4. The eventual aim of the company is to reduce the number of staff.

Traduisez en anglais

5. *Il viendra éventuellement au mois de juin.*
6. *Si éventuellement vous changez d'avis, téléphonez-moi.*
7. *Nous devons penser à l'éventuelle corrosion de la gouttière.*
8. *Les bénéfices éventuels seront partagés entre les participants.*

➥ Corrigé p. 143

---

pièges et difficultés

50 *expect • wait*

They are **waiting** for the train.
They **expect** it to be late.

→ *Ils **attendent** le train.*
→ *Ils **s'attendent à** ce qu'il soit en retard.*

◆ *expect* : « attendre (en pensée) », « s'attendre à ».

I **expect** it will rain on Sunday.
→ *Je **m'attends** à ce qu'il pleuve dimanche.*

They **expected** a better result.
→ *Ils **attendaient/s'attendaient à** un meilleur résultat.*

I'm **expecting** you to help me.
→ *Je **m'attends à** ce que tu m'aides/J'**attends** de toi que tu m'aides.*

◆ *wait (for)* : « attendre (physiquement) ».

We **waited** half an hour for the bus last night – in the rain.
→ *On **a attendu** l'autobus une demi-heure hier soir – sous la pluie.*

What **are you waiting for**?
→ *Qu'est-ce que tu **attends** ?*

I'm **waiting for** you to help me.
→ *J'**attends** que tu m'aides.*

Remarques

• *Expect* s'emploie aussi dans le sens de « supposer », « penser ».

I **expect** you miss the children
→ *Je suppose que les enfants vous manquent.*

• On dit aussi : *expect a baby* : « attendre un enfant ».

Mettez une forme appropriée de expect ou wait (for).

She's ... to hear from Jim with his address before she can write to him.
She ... he would write as soon as he got to Sicily. So she ... the post this
morning before leaving. But no letter arrived. She's hoping she doesn't
have to ... too long. ➥ Corrigé p. 143

51 *few • a few • little • a little*

He has **a few** friends and **a little** money, so he's happy.

He has **few** friends and **little** money, so he's unhappy.

→ *Il a **quelques** amis et **un peu d**'argent, alors il est heureux.*
→ *Il a **peu d**'amis et **peu d**'argent, alors il est malheureux.*

◆ *a few* : « quelques », au sens positif ;
few : « peu de », au sens négatif.
Ils s'emploient avec des noms au pluriel.

There were **a few/few** questions at the end of the talk.
→ *Il y a eu **quelques/peu de** questions à la fin du discours.*

They had **a few/few** problems to overcome.
→ *Ils ont eu **quelques/peu de** problèmes à surmonter.*

Very **few** people would agree with them.
→ *Très **peu de** gens seraient d'accord avec eux.*

◆ *a little* : « un peu de/quelques », au sens positif ;
little : « peu de », au sens négatif.
Ils s'emploient avec des noms indénombrables en anglais.

They gave me **a little/little** advice on this subject.
→ *Ils m'ont donné **quelques** conseils/**peu de** conseils à ce sujet.*

I have **a little/little** time to pack.
→ *J'ai **un peu de**/**peu de** temps pour faire mes valises.*

Very **little** progress has been made during the talks.
→ *Très **peu de** progrès ont été faits pendant les conversations.*

A few, few, a little *ou* little ?

All you need, to learn a foreign language, are ... books, ... tapes, ... time, ... effort and ... patience. In this way you will make ... progress each week. ... people will succeed if they do ... work and make ... effort but they are the lucky ones. ➡ Corrigé p. 143

52 finally • lastly • at last

Finally he raised the question of a day off. (A)

Lastly he raised the question of a day off. (B)

At last he raised the question of a day off. (C)

→ *Pour terminer il a abordé la question d'un jour de congé. (A + B)*
→ *Il a **enfin** abordé la question d'un jour de congé. (C)*

◆ *finally* et *lastly* : s'emploient comme derniers éléments d'une séquence.

First Mrs X, then Mrs Y and **finally/lastly** Mr Z will give their views on the subject.
→ *D'abord Mme X, puis Mme Y et, pour terminer, M. Z nous donneront leurs opinions sur le sujet.*

I want to say three things: firstly …, secondly … and **lastly** …
→ *Je veux dire trois choses : premièrement…, deuxièmement… et* **finalement…**

◆ *at last* : ne s'emploie jamais comme dernier élément d'une séquence. Il indique, souvent avec l'idée de soulagement, la fin d'une attente.

At (long) **last!** The book you've been waiting for!
→ *Enfin ! Le livre que vous attendiez !*

Finally peut être employé avec le même sens.

He has **finally/at last** decided to start working for the exam.
→ *Il a **enfin** décidé de se mettre à travailler pour l'examen.*

Finally, lastly ou at last ?

Now that you have all … arrived I want to tell you firstly about sleeping arrangements, then about the programme for the week and … about food. And when "… she has finished talking", I can hear you say, we can all go and eat.
➡ Corrigé p. 144

53 *for • since*

Scotland has been part of the U.K. **for** nearly 300 years.

Scotland has been part of the U.K. **since** 1707.

Les deux mots se traduisent par « depuis ».

> → *L'Écosse fait partie du Royaume-Uni **depuis** presque 300 ans.*
> → *L'Écosse fait partie du Royaume-Uni **depuis** 1707.*

◆ *for* : indique une période de temps.

> – How long have you been here?
> – I've been here **for** nearly **four months**.
> → *– Depuis combien de temps êtes-vous là ?*
> – *Je suis là **depuis** presque **quatre mois**.*

◆ *since* : indique le début de l'action dans le passé.

> – How long have you been here?
> – I've been here **since September** (and it's now December).
> → *– Depuis combien de temps êtes-vous là ?*
> – *Je suis là **depuis septembre** (et maintenant nous sommes en décembre).*

Remarques

Since s'emploie toujours avec le *present perfect*.

Si l'action ne continue plus, il faut traduire « depuis » par *from*.

> He has lived here **since** the war.
> → *Il habite ici **depuis** la guerre.*

> She lived here **from** the war until her death.
> → *Elle a habité ici **depuis** la guerre jusqu'à sa mort.*

Conversation entendue dans une queue. *For ou since ?*

– I've been here ... ages. I've been here ... ten o'clock.
– I've been here ... at least two hours. I've been here ... eight o'clock.
I've been here ... breakfast time actually.
– Well, I've been queuing ... daybreak. ➡ Corrigé p. 143

---

54 *furniture* • *« meuble(s) »*

> It's a lovely piece of **furniture**!
> *C'est un beau **meuble** !*

> All my **furniture** was damaged in that flood.
> *Tous mes **meubles** ont été endommagés pendant cette crue.*

◆ « meubles » : en français, on peut dire « un meuble » ou « des meubles », c'est un nom dénombrable.

◆ *furniture* : en anglais, *furniture* est un nom indénombrable.

1. Il ne peut pas être précédé de *a/an*, (ni *one, two, three*, etc.).

Si on veut mentionner le nombre précis de meubles, on peut dire *one/two/three piece(s) of furniture.*

2. Il ne peut pas prendre la marque du pluriel. Le verbe qui l'accompagne est toujours au singulier.
« un meuble » : *a piece of furniture.*
« des meubles » : *furniture/some furniture.*
« peu de meubles » : *little furniture.*
« beaucoup/pas beaucoup de meubles » : *a lot of/not much furniture.*

> He has **two** very old **pieces of furniture** that his mother left him.
> → *Il a **deux** très vieux **meubles** que sa mère lui a légués.*

> Very **little of their furniture** was made of mahogany.
> → *Très **peu de leurs meubles** étaient en acajou.*

Traduisez en anglais cette conversation téléphonique avec un antiquaire.

– Vous avez beaucoup de meubles dans le magasin actuellement ?
– Non, pas vraiment beaucoup. Beaucoup ont été vendus pendant la période de Noël. Nous avons quelques jolis meubles qui sont en solde : une table de salle à manger et un fauteuil victorien.
– Non, je suis à la recherche de meubles pour une chambre à coucher. Mais il est à combien, le fauteuil victorien ?

➡ Corrigé p. 144

---

55 futur (1) : going to
• présent progressif

> I **am going to see** my boss tomorrow, I've decided.
>
> I **am seeing** my boss tomorrow at eleven o'clock.

> → J'ai décidé d'**aller voir** mon patron demain.
> → Je **vois** mon patron demain à onze heures.

Il y a une légère différence entre ces deux façons de parler du futur.

◆ *going to* : s'emploie plutôt pour parler des intentions.

> When my parents are here I'**m going to show** them round some castles.
> → Quand mes parents seront là, je **vais** leur **faire visiter** des châteaux.

Il s'emploie aussi pour parler de quelque chose qui va certainement arriver dans un futur immédiat.

> Look out! It's **going to fall**!
> → Attention ! Ça **va tomber** !

◆ *présent progressif* : la forme *be* + verbe + *ing* est préférable pour parler d'actions déjà organisées.

> My parents **are arriving** on June 1 and they'**re leaving** on June 15.
> → Mes parents **arrivent** le 1er juin et ils **s'en vont** le 15 juin.

> Next year I'**m going** to China for my holidays. I've already booked my ticket.
> → L'année prochaine, je **vais** en vacances en Chine. J'ai déjà pris mon billet.

Remarques

Gonna imite la langue parlée, surtout dans les westerns, les chansons, etc.

> I'm **gonna** get them one day.
> → Je les aurai un jour.

Mettez la forme appropriée de be ... ing ou going to.

Jo ... (leave for) New York tomorrow. She says she ... (hire) a car and she ... (drive) to Niagara but she ... (come back) at the end of the week so I don't think she'll have time. ➡ Corrigé p. 144

56 futur (2) : présent simple
• présent progressif

> We **leave** tomorrow at six o'clock.
>
> We **are leaving** tomorrow at six o'clock.

→ *Nous **partons** demain à six heures.*

Il y a très peu de différence entre ces deux phrases. Toutes les deux parlent d'une action future **organisée d'avance.**

La différence est une différence que l'on voit souvent entre ces deux formes : la forme simple est plus formelle. L'action est vue comme un fait. Avec la forme progressive, l'action est vue comme une activité. On pense à l'action dans son déroulement.

◆ *Le présent simple* s'emploie donc pour parler d'horaires ou de calendrier. Normalement il peut être remplacé par *be due to* :

The plane **leaves** at 8 a.m. It arrives in Athens at midday. We **stay** overnight in Athens and **leave** for Cairo the next day.
→ *L'avion **part** à huit heures. Il **arrive** à Athènes à midi. Nous **passons** la nuit à Athènes et **partons** pour le Caire le lendemain.*

The President **arrives** at 10 a.m. She **visits/is due to** visit the shipyard in the morning and at 1 p.m. she **lunches/is due to** lunch with the mayor.
→ *La Présidente **arrivera** à dix heures, elle **visitera** le chantier naval dans la matinée et à une heure elle **déjeunera** avec le maire.*

◆ *Le présent progressif* est la forme qu'on emploie habituellement pour parler d'actions futures organisées d'avance (voir 57, p. 63).

We**'re spending** a day in Athens. Some friends **are meeting** us at the airport and we**'re staying** the night with them. It's all planned.
→ *Nous **passons** une journée à Athènes. Des amis nous **attendent** à l'aéroport et nous **passons** la nuit chez eux. Tout est arrangé.*

Mettez la forme appropriée des verbes entre parenthèses.
– What ... (you, do) tomorrow?
– ... (we, go) to Edinburgh. The train there ... (leave) at nine in the morning and the train back ... (leave) at six. ➥ Corrigé p. 144

Anglais

57 futur (3) : will
• présent progressif

I **will** probably **see** him tomorrow, possibly in the morning.

I **am seeing** him tomorrow at eleven.

→ Je le **verrai** probablement demain, éventuellement dans la matinée.
→ Je le **vois** demain à onze heures.

◆ *will* : s'emploie pour faire des prédictions soumises, ou non, à une condition.

He **will** almost certainly **be** there, especially if it's fine.
→ C'est presque certain qu'il **sera** là, surtout s'il fait beau.

Will s'emploie aussi pour des offres, des promesses, des intentions.

I **will help** you, don't worry. I **will peel** the apples, if you like.
→ Je t'**aiderai**, ne t'en fais pas. J'**éplucherai** les pommes si tu veux.

Will s'emploie pour des décisions prises sur le moment.
En français, on emploie le présent.

Hold on. I'**ll come** straight away.
→ Attends. J'**arrive** tout de suite.

So, if lions bore you I **won't take** you to the zoo.
→ Bon, si les lions t'ennuient, je **ne** t'**emmène pas** au zoo.

◆ *Le présent progressif* s'emploie uniquement pour des décisions prises d'avance, ou des actions déjà organisées.

I'**m taking** them to the zoo tomorrow, I promised them.
→ Je les **emmène** au zoo demain, je le leur ai promis.

Mettez les verbes entre parenthèses à la forme appropriée.

Jo ... (go hill-walking = *faire des randonnées en montagne*) in Scotland this summer and Jim ... (go) with her if he's free. Otherwise she ... (go) with two friends who ... rent a cottage near Loch Ness. But she'd prefer to go with Jim. "I ... (phone) you as soon as I know if I can come," Jim promised. ➡ Corrigé p. 144

---

pièges et difficultés

58 *futur (4) : shall • will*

I **shall** be there at eight o'clock.

I **will** be there at eight o'clock.

→ *Je **serai** là à huit heures.*

Il y a très peu de différence entre ces deux phrases. *Shall* est plus formel, *will* est beaucoup plus fréquent. En anglais courant on emploie d'habitude la forme contractée *I'll.*

Mais quand *shall* est employé avec la deuxième et la troisième personne, il signifie soit un ordre, soit une promesse très formel(le).

The work **shall** be completed by July 31.
→ *Le travail **doit** être fini le 31 juillet au plus tard.*

You **shall** have a bicycle for your birthday, I promise you.
→ *Tu **auras** une bicyclette pour ton anniversaire, je te le promets.*

Remarques

Dans les questions, la situation est différente.

• *Shall I …?* exprime une offre, une proposition.

Shall I open the window?
→ ***Veux-tu** que j'ouvre la fenêtre ?*

• *Shall we…?* exprime une suggestion.

Shall we open the window?
→ ***Si** on ouvrait la fenêtre ?*

• *Will you…?* exprime une demande ou une invitation.

Will you open the window? **Will you** have a cup of tea?
→ ***Veux-tu** ouvrir la fenêtre ? **Veux-tu** une tasse de thé ?*

Mettez la description qui convient : demande, invitation, offre, ordre formel, promesse formelle, suggestion.

1. You shall make a cup of coffee. (...) – 2. Shall we have a cup of coffee? (...) – 3. Will you have a cup of coffee? (...) – 4. Shall I make a cup of coffee? (...) – 5. Will you make a cup of coffee? (...) – 6. You shall have a cup of coffee. (...) ➥ Corrigé p. 144

59 futur (5) : futur simple • futur progressif

> I **will see** him tomorrow at eleven.
>
> I **will be working** tomorrow while you are at the dentist.

→ *Je le **verrai** demain à onze heures.*
→ *Je **travaillerai** demain pendant que tu seras chez le dentiste.*

Le futur progressif a deux emplois en anglais :

1 Il s'emploie pour dire qu'une action se déroulera à un moment donné dans l'avenir.

This time tomorrow I'**ll be eating** pasta in Rome.
→ *Demain à cette heure-ci, je serai en train de manger des pâtes à Rome.*

What **will** you **be doing** tomorrow around five?
→ *Qu'est-ce que tu feras demain vers cinq heures ?*

2 Il s'emploie aussi, comme le présent progressif, pour parler des actions déjà organisées ou prévues dans l'avenir. Il est moins positif que le présent et donc un peu plus poli dans les questions.

They'**ll be holding** a meeting about this next week.
→ *Ils tiendront une réunion à ce sujet la semaine prochaine.*

Will you **be seeing** Mr Marks tomorrow?
→ *Est-ce que vous verrez M. Marks demain ?*

Remarques

Dans les questions, le futur simple exprime souvent une demande directe.

Will you **see** Mr Marks tomorrow about this?
→ *Voulez-vous bien voir M. Marks à ce sujet demain ?*

Mettez une forme appropriée du futur simple ou du futur progressif.

It will ... (rain) when we arrive, almost certainly. Will you ... (bring) an umbrella with you? Have you decided yet? If so, I won't ... (bring) mine. And will you ... (bring) a camera, please? I'll ... (bring) my computer so my bag will be full. ➡ Corrigé p. 144

60 *get someone to do something*
• *make someone do something*

> She **got them to re-paint** the room.
> She **made them re-paint** the room.

→ *Elle les **a convaincus de repeindre** la pièce.*
→ *Elle les **a obligés à repeindre** la pièce.*

◆ ***to get somebody/something to do something*** : « convaincre », « persuader », « réussir à faire ».

Try to **get them to come** with us.
→ *Tâche de **les persuader de se joindre** à nous.*

I can't **get the computer to work**.
→ *Je ne **réussis pas à faire marcher** l'ordinateur.*

◆ ***to make someone do something*** (noter l'absence de *to*) : « faire faire », dans le sens de « obliger » (voir aussi *64*, p. 70).

We can't **make them come** with us.
→ *On ne peut pas **les obliger à se joindre** à nous.*

She **made the children do** the washing up.
→ *Elle a **fait faire** la vaisselle **aux enfants**.*

Don't **make me laugh** or you'll **make me forget** everything.
→ *Ne **me fais pas rire** ou tu **me feras** tout **oublier**.*

Remarques

Au passif, *to make someone do something* devient *someone is made to do something* (*to* réapparaît).

The children were **made to do** the washing up.
→ *On **a obligé** les enfants **à faire** la vaisselle.*

Remplacez les mots en italique avec des expressions utilisant get *ou* make.

Persuade him to tell you what happened to him in the supermarket.
You will find it funny. And if he doesn't want to tell you, *oblige him to tell you* by refusing to write his C.V. for him if he doesn't. ➥ Corrigé p. 144

---

61 *hair • a hair*

His **hair** is too long.

She found **a hair** in her soup in that restaurant.

→ *Il a **les cheveux** trop longs.*
→ *Elle a trouvé **un cheveu** dans sa soupe dans ce restaurant.*

◆ *hair* : « les cheveux », au sens de « coiffure », « chevelure ».
Hair est un nom indénombrable. Cela veut dire qu'il ne peut pas
être précédé de *a* et qu'il ne se met pas au pluriel.

Her **hair** is naturally curly but it's always a mess.
→ *Elle frise naturellement, mais elle est toujours mal coiffée.*

He does his **hair** differently now. It suits him better.
→ *Il a changé de **coiffure**. Ça lui va mieux.*

She has white **hair**.
→ *Elle a **les cheveux** blancs.*

◆ *a hair* : « un cheveu », « un poil ».

There were dog **hairs** all over the back seat.
→ *Il y avait **des poils** de chien partout sur le siège arrière.*

There were **a few hairs** on his jacket which weren't his.
→ *Il y avait sur sa veste **quelques cheveux** qui n'étaient pas les siens.*

She has **a few** white **hairs**.
→ *Elle a **des cheveux** blancs.*

Traduisez en anglais.

Je me sens très mal coiffé. Je dois aller chez le coiffeur pour me les faire
couper. Ou peut-être que je les ferai raser complètement *(= shaved off)*.
Ou bien je les laisse pousser. Qu'est-ce que tu en penses, Jo ? Toi, tu es
toujours si bien coiffée. ➥ Corrigé p. 144

---

pièges et difficultés 67

62 hard • hardly

They worked **hard** all day.
They **hardly** worked all day.

→ *Ils ont **beaucoup** travaillé toute la journée.*
→ *Ils ont **à peine** travaillé de la journée.*

◆ *hard* : « dur », « durement », « fort ».

She works **hard** but she lost her job all the same.
→ *Elle travaille **dur**, mais elle a quand même perdu sa situation.*

He works **hard** at keeping himself fit.
→ *Il travaille **dur** pour se maintenir en forme.*

If you push **hard**, the door will open. **Harder** than that!
→ *Si tu pousses **fort**, la porte s'ouvrira. **Plus fort** que ça !*

◆ *hardly* = *scarcely* : « à peine ». Il est souvent suivi par *at all*.

I **hardly** know them **at all**. I've **hardly** ever met them.
→ *Je les connais **à peine**. Je les ai **à peine** rencontrés.*

Hardly had she gone out when the phone rang.
→ ***À peine** était-elle sortie que le téléphone a sonné.*

Hardly et *scarcely* sont des mots négatifs. Ils se combinent avec des mots affirmatifs (*any, ever, anybody, anything* …), et le verbe est positif.

He knows **hardly** anybody – he makes **hardly** any effort.
→ *Il ne connaît **presque** personne – il ne fait **presque pas** d'effort.*

Hard *ou* hardly ?

He has always had to work …. As a boy he had to work … on his father's farm. And later he tried … to get an easy job but without any luck. But his brother, with … any effort, managed to get a job as a consultant and did … any work all his life. ➡ Corrigé p. 144

63 have • have got

They **have** a house in the country.
They'**ve got** a house in the country.

→ *Ils* ***ont*** *une maison à la campagne.*

◆ *have* : quand *have* signifie « posséder », en anglais familier il est souvent remplacé au présent par *have got*. Dans les phrases affirmatives, on emploie la forme réduite de *have*.

Have you got a car?
– No, I **haven't got** a car. But I'**ve got** a bike!
→ *Tu* ***as*** *une voiture ?*
– *Non, je n'*****ai pas***** *de voiture. Mais j'*****ai***** *un vélo !*

◆ *have got* : ne s'emploie qu'au présent et veut dire « posséder ». Il ne faut pas confondre cet emploi de *got* avec le verbe *to get*.

I'**ve got** a word processor. I **got** it yesterday.
→ *J'*****ai***** *un traitement de texte. Je l'*****ai reçu***** *hier.*

En anglais familier, *have to* (= « être obligé de/à ») peut aussi être remplacé par *have got to* au présent.

Have you got to go? – Yes, I'**ve got to** be home by six.
→ *Es-tu* ***obligé de*** *partir ? – Oui, je* ***dois*** *être chez moi à six heures.*

He **hasn't got to** work on Saturdays.
→ *Il* ***n'est pas obligé de*** *travailler le samedi.*

Remarques

Gotta imite le langage parlé.

When you('ve) **gotta** go you ('ve) **gotta** go = When you've got to go you've got to go.
→ *Quand il* ***faut*** *y aller, (il)* ***faut*** *y aller.*

Mettez au présent, en employant la forme avec got.

I didn't have a car so I had to walk, which meant I didn't have time to eat as I had to be there by seven. So I had to make myself a sandwich and eat it on the way. ➡ Corrigé p. 144

---

pièges et difficultés

64 *have something done*
• *make someone do something*

→ J'ai **fait tondre** la pelouse.

→ Je **lui ai fait tondre** la pelouse.

Il y a plusieurs façons de traduire « faire + infinitif ».

◆ ***to have/get something done*** (*get* – le blue-jean de la langue anglaise – peut remplacer *have* dans le langage familier) : « faire + infinitif », au sens de « demander à quelqu'un de faire quelque chose ».

Did you cut your hair yourself or did you **have/get it cut**?
→ *Tu t'es coupé les cheveux toi-même ou tu **les as fait couper*** ?

I have to **have/get the car serviced** every 7000 kms.
→ *Je dois **faire réviser la voiture** tous les 7000 kms.*

We're **having/getting the house re-painted** and the windows **replaced.**
→ *Nous **faisons repeindre** la maison et **remplacer** les fenêtres.*

◆ ***to make someone do something*** : « faire + infinitif », au sens de « obliger quelqu'un à faire quelque chose » (voir *60*, p. 66).

I **made her tidy** her room.
→ *Je lui ai **fait ranger** sa chambre.*

They **made them pay** for the window they'd broken.
→ *On **leur a fait payer** la fenêtre qu'ils avaient cassée.*

« **Faire + infinitif** » est souvent traduit par un autre verbe en anglais.

• « **faire attendre quelqu'un** » : *to keep someone waiting.*

Sorry to **keep you waiting.**
→ *Excusez-moi de vous **faire attendre.***

• « **faire connaître** » : *to introduce.*

It is he who **introduced** me to them.
→ *C'est lui qui me les a **fait connaître.***

• « **faire venir** » : *to send for.*

We must **send for** her son.
→ *Il faut **faire venir** son fils.*

• « **faire visiter** » : *to show someone round.*

They **showed us round** the town this morning.
→ *Ils nous ont **fait visiter** la ville ce matin.*

Mais…

• « **se faire comprendre** » : *to make oneself understood.*

He has no difficulty in **making himself understood** in English.
→ *Il n'a pas de difficulté à se **faire comprendre** en anglais.*

Traduisez en anglais en utilisant des constructions avec have ou make.

Jim a fait repeindre son salon l'année dernière. Il voulait faire peindre le plafond en gris et les murs en vert foncé. Mais le peintre s'est trompé de couleur *(= made a mistake with the colours)* et en plus il a fait des taches de peinture *(= paint stains)* sur la moquette *(= carpet).* Alors Jim lui a fait repeindre toute la pièce et il lui a fait nettoyer la moquette.

➡ Corrigé p. 145

---

pièges et difficultés   **71**

65 here • there • this • that

Is the boss **there?**
No, she isn't **here** at the moment.
Is **that** Sammy?
Yes, **this** is Sammy.

→ – *Est-ce que la patronne est **là** ?*
– *Non, elle n'est pas **là** pour le moment.*
→ – *C'est Sammy ?*
– *Oui, **c**'est Sammy.*

Here et *there* se traduisent souvent par « là », *this* et *that* par
« ce ». L'anglais fait une distinction plus stricte entre ces mots.

◆ *here* : désigne l'endroit où se trouve la personne qui parle.

I've been **here** for an hour now.
→ *Je suis **ici/là** depuis une heure.*

◆ *there* : « là » ou « y » ; *over there* : « là-bas ».

Do you know Amsterdam? I'm going **there** tomorrow.
→ *Connaissez-vous Amsterdam? J'**y** vais demain.*

◆ *this/these* : « ceci », « ceux-ci », « voici ». Ils s'emploient pour
parler d'un objet près de la personne qui parle. Ils s'emploient
aussi pour parler du présent ou du futur proche.

This is his letter here and **this** is what he says: « I'm coming home ».
→ ***Voici** sa lettre et **voici** ce qu'il dit : "Je reviens".*

◆ *that/those* : « cela », « ceux-là », « voilà ». Ils s'emploient pour
parler des choses qui ne sont pas proches de la personne qui
parle. Ils s'emploient aussi pour parler du passé.

He's coming this week. **That**'s what he said in **that** letter over there.
→ *Il arrive cette semaine. **Voilà** ce qu'il a dit dans **cette** lettre là-bas.*

Here, there, this *ou* that *dans cette conversation au téléphone* ?

– Is Jim ...? ... is his mother speaking. Is ... Mary?
– No, ... is Jane. I'm sorry. Jim isn't ... at the moment. He'll be back in an
hour. At least ... is what he said and ... is what is written on ... message
that he's left ... on ... note pad *(= carnet).* ➥ Corrigé p. 145

---

66 *home • house*

They've made a **home** for themselves in Sicily.

They have had a lovely **house** built there.

→ *Ils se sont créé un **foyer** en Sicile.*
→ *Ils ont fait construire une belle **maison** là-bas.*

◆ *home* : on emploie *home* sans adjectif possessif quand on parle de sa propre maison : *to be at home* : « être chez soi », *to go home* : « rentrer chez soi », *on their way home* : « en rentrant chez eux ».

Autrement *home = house* + l'idée de foyer.

Both the children left **home** when they were eighteen.
→ *Les deux enfants ont quitté le **foyer** à l'âge de dix-huit ans.*

Come to my **home/house** on Saturday and I'll go to yours on Sunday.
→ *Venez **chez moi** samedi et j'irai chez vous dimanche.*

◆ *house* : s'emploie si on parle du bâtiment même.

They live in the third **house** on the left.
→ *Ils habitent la troisième **maison** à gauche.*

She has just bought a lovely Tudor **house** in the country.
→ *Elle vient de s'acheter une belle **maison** à colombages à la campagne.*

Remarques

Il n'est pas obligatoire d'ajouter *home/house* après le cas possessif.

I'll be at my grandmother**'s** this evening and my father**'s** tomorrow.
→ *Je serai chez ma grand-mère ce soir et chez mon père demain.*

Traduisez en anglais en employant home *ou* house.

1. Quand est-ce que tu rentres ce soir ?
2. Il a acheté du pain en allant chez son ami.
3. Elle retournera chez elle à la fin de la semaine.
4. Ils vont chez lui ce soir.
5. Je me sens chez moi dans cette maison.

➡ Corrigé p. 145

67 *if • whether*

> The policeman didn't ask him **if** he had a licence or not.
>
> The policeman didn't ask him **whether** he had a licence or not.

Les deux mots se traduisent par « si ».

→ *L'agent ne lui a pas demandé s'il avait ou non un permis.*

◆ *if/whether* : on peut employer l'un ou l'autre dans les contextes suivants.

I don't know **if/whether** I should buy it or **if/whether** I should wait.
→ *Je ne sais pas si je dois l'acheter ou attendre.*

I don't know **if/whether** I should buy it or not.
→ *Je ne sais pas si je dois l'acheter ou non.*

If insiste moins sur d'autres possibilités. Mais devant *or not*, ou une construction avec un infinitif, seul *whether* est possible.

I don't know **whether or not** I should buy it.

I don't know **whether to buy** it or (to) wait.

◆ *whether ... or* ou *whether or not ...* : « que ... ou ».

Whether I buy it **or not**, I'll regret it.
→ *Que je l'achète ou non, je le regretterai.*

Whether he gets the job **or not**, he's still leaving.
→ *Qu'il obtienne le poste ou non, il part quand même.*

If, whether *ou* if/whether... or not ?

I asked him ... he agreed that the European Union was a good thing and ... or not he was going to vote and he said he didn't care ... Britain stayed in the E.U. ... .

➡ Corrigé p. 145

---

68 *ignore* • « *ignorer* »

They completely **ignored** me. They didn't even say "hello"!	*J'**ignore** comment l'accident a pu se produire.*
*Ils m'ont complètement **ignoré**. Ils n'ont même pas dit « bonjour » !*	I **don't know** how the accident can have happened.

Ces deux mots se ressemblent, mais ils n'ont pas toujours le même sens.

◆ *ignore* : « ignorer », « décider de ne pas tenir compte de », « ne pas vouloir reconnaître », « faire comme si... », « faire semblant de ne pas voir ».

She **ignored** my question the first time so I asked her again.
→ *Elle a **ignoré** ma question la première fois, alors je la lui ai reposée.*

Ignore this reminder if you have already paid the bill.
→ ***Ne tenez pas compte** de ce rappel si vous avez déjà réglé la facture.*

They **ignored** these facts in writing the report.
→ *Ils ont **décidé de ne pas tenir compte de** ces faits en écrivant le rapport.*

◆ « **ignorer** » = « ne pas connaître » : *not to know, to be ignorant of.*

*J'**ignorais** l'existence de cette loi jusqu'à hier.*
→ I **didn't know** this law existed until yesterday.

*J'**ignorais** qu'on pouvait être si bête.*
→ I **didn't know** anyone could be so stupid.

« ignorance » : *ignorance.*

*Son **ignorance** m'étonne.*
→ His **ignorance** surprises me.

Traduisez en anglais.

– Elle ignorait ces renseignements quand elle a rédigé la lettre. C'est-à-dire elle ignorait le nom du responsable, elle ignorait le travail qu'il devait faire et elle ignorait où envoyer les certificats.
– Elle ignorait tout alors. Je ne crois pas qu'on puisse ne pas en tenir compte.
➡ Corrigé p. 145

---

pièges et difficultés   **75**

69   *important* • « *important* »

She's a very **important** woman. She's the boss. *C'est une femme très* **importante**. *C'est la patronne.*	*Les dégâts ne sont pas* **importants**. *Ça ne prendra pas beaucoup de temps pour réparer.* The damage is not very **extensive**. It won't take much time to repair.

Ces deux mots se ressemblent, mais ils n'ont pas toujours le même sens.

◆ *important* : « important », au sens qualitatif.

He took an **important** decision.
→ *Il a pris une décision* **importante**.

It's **important** to know how to speak a foreign language.
→ *Il est* **important** *de savoir parler une langue étrangère.*

◆ « **important** », au sens quantitatif : *big, large, extensive, considerable.*

Une somme d'argent **importante** *a été volée.*
→ A **large/considerable** sum of money has been stolen.

Les dégâts du bâtiment étaient **importants**.
→ The damage to the building was **extensive/considerable**.

C'est une usine **importante** *qui fabrique des produits électriques.*
→ It's a **big** factory that manufactures electrical goods.

Dans lesquelles des phrases suivantes important *est-il employé mal à propos ?*

1. The most important part of the job is not in fact the biggest.
2. This is not an important job but it is essential.
3. Killybegs is not an important town but it is Ireland's biggest fishing port.
4. Important people have to be treated with respect.
5. £5 a month was not an important increase in taxes but everyone protested. ➡ Corrigé p. 145

---

70   *in • within*

You will get the letter **in** a week.
You will get the letter **within** a week.

→ *Vous aurez la lettre **dans** une semaine.*
→ *Vous aurez la lettre **dans** la semaine.*

◆ *in* : « dans ».
in a week's/ten days' time : « dans une semaine/dans dix jours ».

He'll be there **in an hour's time**. Hurry up!
→ *Il sera là **dans une heure**. Dépêche-toi !*

She'll be famous **in a year's time**.
→ *Elle sera célèbre **dans un an**.*

◆ *within* : s'emploie pour le temps et le lieu et indique une limite. Il a aussi un sens figuré.

I'll be there **within** an hour.
→ *Je serai là **dans moins** d'une heure.*

She'll be famous **within** a year.
→ *Elle sera célèbre **dans** l'année.*

Within three days of being there she began to feel homesick.
→ ***En moins de** trois jours, elle commençait à avoir le mal du pays.*

The hotel is **within** a kilometre of the beach.
→ *L'hôtel est **à moins** d'un kilomètre de la plage.*

Sensible people live **within** their income.
→ *Les gens sages ne dépensent **pas plus** que leur revenu.*

In, in ... time *ou* within ?

... a day of taking the medicine you should begin to feel better. ... two days of taking it your sore throat *(mal à la gorge)* should have gone and ... five days you should feel completely better. If you still feel ill come back and see me ... a week ....   ➡ Corrigé p. 145

---

pièges et difficultés   77

71 *infinitif • -ing*

→ *J'ai entendu la sonnette de l'entrée.*

Il y a une légère différence entre ces deux phrases.

◆ *hear, see, feel* + **infinitif (sans** *to*) : s'emploient pour parler d'une action ponctuelle.

I **heard** the bell **ring** once.
→ *J'ai **entendu sonner** une fois.*

We **saw** them **arrive** and **go** into the house.
→ *Nous les **avons vus arriver** et **entrer** dans la maison.*

He **felt** the bee **sting** him.
→ *Il **a senti** l'abeille le **piquer**.*

◆ *hear, see, feel* + **verbe** + **-ing** : s'emploient pour parler d'une action dans son déroulement.

I **heard** the bell **ringing** for at least five minutes.
→ *J'ai **entendu sonner** pendant au moins cinq minutes.*

We **saw** them **getting** out of the car with all their luggage.
→ *Nous les **avons vus sortir** de la voiture avec tous leurs bagages.*

He **felt** an ant **creeping** up his leg.
→ *Il a **senti** une fourmi **qui grimpait** sur sa jambe.*

Remarques

Smell s'emploie toujours avec la forme en *-ing*.

I can **smell** something **burning**.
→ *Ça sent le brûlé.*

Mettez les verbes entre parenthèses à la forme appropriée.

If you see the light ... (flash) and if you hear a bell ... (ring) just once, don't worry. But if you see the light ... (flash) and you hear the bell ... (ring) continuously, you'd better do something urgently. ➡ Corrigé p. 145

---

72 *to -infinitif • -ing*

She stopped **to window-shop** on the way.

She has stopped **window-shopping**.

→ *Elle s'est arrêtée en chemin* ***pour faire*** *du lèche-vitrines.*
→ *Elle a arrêté* ***de faire*** *du lèche-vitrines.*

Avec certains verbes, il y a une différence de sens selon qu'ils sont suivis de *to*-infinitif ou de la forme en -*ing*.

◆ *stop (in order) to do* : « s'arrêter pour faire quelque chose ».

He **stopped to smoke.**
→ *Il* ***s'est arrêté pour fumer****.*

◆ *stop doing* : « arrêter de faire ».

He's **stopped smoking** for good.
→ *Il* ***a arrêté de fumer*** *pour de bon.*

Stop talking. Stop making a noise. I'm working.
→ ***Arrête de parler. Arrête de faire*** *du bruit. Je travaille.*

◆ *go on doing* : « continuer à faire ».

Go on working. I don't want to interrupt you.
→ ***Continue à travailler****. Je ne veux pas t'interrompre.*

◆ *go on to do something else* : « passer d'une chose à une autre ».

She talked about starters. She then **went on to talk** about desserts.
→ *Elle a parlé des hors-d'œuvres. Ensuite elle* ***est passé*** *aux desserts.*

---

pièges et difficultés

◆ *remember/forget/regret to do* : « rappeler/oublier/regretter de faire ».

> I **regret to have to** tell you again but **remember to switch off** the light, and **don't forget to turn down** the heating before you leave.
> → *Je **regrette d'avoir** à te le redire, mais **n'oublie pas d'éteindre** la lumière et **n'oublie pas de baisser** le chauffage avant de partir.*

◆ *remember/forget/regret doing/having done* : « rappeler avoir fait », « oublier que », « regretter avoir fait ».

> I **remember meeting** him on the train that day. In fact I'll never **forget meeting** him. And I think I'll always **regret saying** what I did to him.
> → *Je **me rappelle l'avoir rencontré** dans le train ce jour-là. En fait je **n'oublierai** jamais notre rencontre (**que je l'ai rencontré**). Et je pense que je **regretterai** toujours lui **avoir dit** ce que je lui ai dit.*

◆ *try to do* : « essayer de faire » (en faisant un effort).

> I'm **trying to open** this door.
> → *J'**essaie d'ouvrir** cette porte.*

◆ *try doing* : « essayer de faire » (pour voir ce que ça donne).

> Why **don't** you **try turning** the handle the other way?
> → *Pourquoi **n'essaies**-tu **pas de tourner** la poignée dans l'autre sens ?*

Mettez le verbe entre parenthèses à la forme appropriée.

She wouldn't stop ... (talk). She told us all about how she regretted ... (leave) school at the age of 16. Then she went on ... (talk) about her first job, how she remembered ... (have to) get up at 4, how she would never forget ... (have to) work all day with only one short break. We tried our best ... (interrupt) her. We even tried ... (put) our coats on, but she just went on ... (talk).

→ Corrigé p. 145

> I'd like some **information** about the price of a ticket to Budapest.
> *Je voudrais un **renseignement** sur le prix d'un billet pour Budapest.*
>
> The **information** provided is not always clear.
> *Les **renseignements** fournis ne sont pas toujours clairs.*

◆ **« renseignement(s) »** : en français, on peut dire « un renseignement » ou « des renseignements », c'est un nom dénombrable.

◆ *information* : en anglais, c'est un nom indénombrable.

1. Il ne peut pas être précédé de *a/an* (ni de *one, two, three,* etc.). Si on veut mentionner un nombre précis de renseignements, on dit *a/one/two/three... piece(s) of information.*

2. Il ne peut pas prendre la marque du pluriel. Le verbe qui l'accompagne est toujours au singulier.

« un renseignement » : *information* ou *some information* ou *a piece of information.*
« des renseignements » : *some information.*
« peu de renseignements » : *little information.*
« beaucoup/pas beaucoup de renseignements » : *a lot of/not much information.*

> – How much **information** did they give you about your journey ?
> – Not much. Very little, in fact.
> → – *Vous ont-ils donné beaucoup de **renseignements** sur le voyage ?*
> – *Pas beaucoup. Très peu en fait.*

Traduisez en anglais.

1. Pouvez-vous me donner un renseignement concernant ce géranium ?
2. Elle m'a donné deux renseignements utiles que j'ai bien notés.
3. Ils auraient pu nous envoyer ces renseignements plus tôt.
4. Quelques-uns des renseignements étaient très confus. ➥ Corrigé p. 145

> She's **interested** in the subject.
> She's **interesting** on the subject.

> → *Elle s'intéresse à ce sujet.*
> → *Elle est intéressante sur ce sujet.*

Interested et *interesting* sont tous les deux des adjectifs.

◆ *be interested in (doing) something* : « s'intéresser à quelque chose », « être intéressé de (faire) quelque chose » ; *to interest someone in doing something* : « intéresser quelqu'un de faire quelque chose ».

> Are your **interested in buying** this picture?
> → *Cela t'intéresse d'acheter ce tableau ?*

> They are not **interested in joining** the European Union.
> → *Cela ne les intéresse pas de rejoindre l'Union européenne.*

◆ *interesting* : « intéressant ».

> She is **interesting** on the subject. She knows a lot about it.
> → *Elle est intéressante sur ce sujet. Elle en a une connaissance approfondie.*

Remarques

Il y a la même différence entre *bored* et *boring, excited* et *exciting, amused* et *amusing*.

> She is **bored** by this subject.
> → *Elle est ennuyée par ce sujet/Elle trouve ce sujet ennuyeux.*

> She is **boring** on this subject.
> → *Elle est ennuyeuse sur ce sujet.*

Traduisez en employant **interesting, interested, boring ou bored.**

– Maman, je m'ennuie. Je ne trouve rien d'intéressant à faire.
– Dessine-moi un lion, alors.
– Les lions sont ennuyeux. Ça ne m'intéresse pas de dessiner un lion.
– Alors si les lions t'ennuient, s'ils ne t'intéressent pas, je ne t'emmène pas au zoo demain. ➡ Corrigé p. 145

---

75   *interesting* • *« intéressant »*

He has had a really **interesting** life. He's travelled all round the world.

Il a eu une vie vraiment **intéressante**. *Il a fait le tour du monde.*

Ce n'est pas du tout **intéressant** *de prendre le train. Ce n'est pas une économie.*

There's no **financial advantage** in taking the train. You don't save anything.

Ces deux mots se ressemblent, mais ils n'ont pas toujours le même sens.

◆ *interesting* : « intéressant », au sens de « passionnant ».

It's very **interesting** work. I'm never bored.
→ *C'est un travail très* **intéressant.** *Je ne m'ennuie jamais.*

◆ **« intéressant »** : *cheaper, of financial advantage, financially, advantageous/attractive* ou une paraphrase.

C'est plus **intéressant** *d'en acheter deux.*
→ It's **cheaper** to buy two of them./You **save money** by buying two of them.

Cela coûte combien ? Cent livres ? Ce n'est pas **intéressant** *!*
→ How much does it cost? A hundred pounds? It's not **worth it**!

Traduisez en anglais cette conversation entre des gens qui semblent aimer beaucoup le mot « intéressant ».

– Il est bien plus intéressant de travailler à l'étranger que de travailler dans son propre pays. On gagne beaucoup plus.
– Oui. Et on a aussi d'autres avantages : quelquefois on vous donne une voiture et d'habitude on ne paie pas de loyer. Et pour revenir en France on a des tarifs intéressants.
– Et puis on peut aussi acheter des choses à un prix intéressant.
– En plus on peut visiter des monuments historiques intéressants…

➡ Corrigé p. 145

---

pièges et difficultés

She **lacks** a home.

She **misses** home.

→ *Il lui **manque** un foyer.*
→ *Sa famille lui **manque**.*

◆ *lack something* : « manquer de », au sens de « ne pas avoir ».
Ce verbe s'emploie plutôt avec des noms abstraits.

He **lacks** confidence in himself.
→ *Il **manque** de confiance en lui.*

◆ *someone misses someone/something* : « quelqu'un/quelque chose manque à quelqu'un ».

He **missed** her terribly when she went off with another man.
→ *Elle lui a manqué terriblement quand elle est partie avec un autre.*

Do you **miss** your children? Do you **miss** seeing them?
→ *Est-ce que tes enfants te manquent ? Est-ce que tu n'as pas hâte de les voir ?*

◆ *miss + plane, occasion, match…* : « manquer », au sens de « rater ».

Hurry or you'll **miss** the bus and then you'll **miss** the concert.
→ *Dépêche-toi ou tu **manqueras** l'autobus et alors tu **rateras** le concert.*

Remarques

« Manquer », au sens de « ne pas avoir assez de » : *to be short of.*

We're **short of** bread.
→ *Nous **manquons** de pain.*

Traduisez en employant **miss** ou **lack**.

Il leur manque une vraie politique du transport ferroviaire. Ils veulent supprimer la ligne qui conduit à la côte, mais elle manquerait sérieusement aux gens des îles. L'ancien ministre des transports était mieux. Il nous manque à tous. ➥ Corrigé p. 146

77 *large* ≠ « *large* »

A man came into the room carrying a **large** suitcase.

*Un homme est entré dans la pièce portant une **grande** valise.*

---

*Le ruisseau est très **large** à cet endroit.*

The stream is very **wide** at this point.

Ces deux mots se ressemblent, mais ils n'ont pas le même sens.

◆ *large* : « grand », « gros », « important ».
largely : « en grande partie ».

> She cut herself a **large** slice of Christmas cake.
> → *Elle se coupa une grosse part de gâteau de Noël.*
>
> A **large** sum of money will be needed to finance the project.
> → *Une **importante** somme d'argent sera nécessaire pour financer le projet.*

◆ « **large** » : *wide, broad.*
« largement » : *easily enough, plenty of,* etc.

> *Une **large** avenue mène au musée.*
> → A **wide** avenue leads up to the museum.
>
> *Cette nappe n'est pas suffisamment **large**.*
> → This table cloth isn't **wide** enough.
>
> *Vous avez **largement** le temps d'y aller.*
> → You've **easily enough** time to go there.

Remarques

« Large », au sens figuré se traduit par *extensive*.

> *La nouvelle constitution leur donnera de **larges** pouvoirs.*
> → The new constitution will give them **wide/extensive** powers.

Large *ou* wide ?

The sitting room in the new house isn't very ... . In fact it's quite narrow, but it's long and it has a high ceiling so it seems ... . And the kitchen is ... too, and it's a convenient shape. It's as ... as it's long. It's square-shaped in fact. ➥ Corrigé p. 146

---

78 *the last • the latest*

→ *Quel fut **le dernier** film dans lequel joua Marilyn Monroe ?*
→ *Quel est **le dernier** film dans lequel joue Madonna ?*

◆ *the last* : « le dernier » d'une série.

It was **the last** news we had before the ship sank.
→ *Ce furent **les dernières** nouvelles avant que le bateau ne sombre.*

◆ *the latest* : « le dernier », au sens de « le plus récent ».

What's **the latest** news about Sammy? How is he getting on?
→ *Quelles sont **les dernières** nouvelles de Sammy ? Comment va-t-il ?*

Remarques

Last/the last : dans des expressions de temps, *last* : « dernier » et est placé après le nom en français ; *the last* : « dernier » et est placé avant le nom en français. S'il y a des chiffres, ils viennent après *the last (the last **four years** …)*.

Last week was tiring.
→ *La semaine **dernière** était fatigante.*

The last week has been tiring.
→ ***Cette dernière** semaine a été fatigante.*

I've been very busy **the last** three months.
→ *J'ai été très occupé **ces** trois **derniers** mois.*

Traduisez les mots entre parenthèses.

For … *(les dix dernières années)* of his life, Hall lived in Japan and there he wrote … *(son dernier livre)*. It is the subject of … *(le dernier film de Macho)*. It came out … *(le mois dernier)* and is set in Wales – a change from … *(son dernier film)* made in Mexico. ➡ Corrigé p. 146

He's **teaching** his daughter how to swim.

His daughter's **learning** how to swim.

Les deux verbes peuvent se traduire par « apprendre » :

→ *Il **apprend** à nager à sa fille.*
→ *Sa fille **apprend** à nager.*

◆ *to teach something to someone/to teach someone (how to do) something* : « apprendre quelquechose à quelqu'un », au sens de « enseigner (comment faire) quelquechose à quelqu'un ».

She **taught** Latin to her children for years.
→ *Elle **a appris** le latin à ses enfants pendant des années.*

You can't **teach** an old dog new tricks.
→ *On n'**apprend** pas à un vieux singe à faire des grimaces.*

◆ *to learn something/how to do something from someone* : « apprendre quelquechose/comment faire quelquechose » en tant qu'élève.

I **learnt** from them how to live.
→ *Ils m'**ont appris** à vivre.*

She's been **learning** how to ski for the last ten years.
→ *Elle **apprend** à faire du ski depuis dix ans.*

Remarques

« Apprendre une nouvelle de quelqu'un » : *learn/hear.*
« Apprendre une nouvelle à quelqu'un » : *tell.*

I **learnt/heard** from him that she was expecting a baby.
He **told** me she was expecting a baby.
→ *J'**ai appris** par lui qu'elle attendait un enfant.*

Mettez la forme appropriée de learn ou de teach.

Nobody ever … her how to cook except for her mother who … her how to make white sauce *(la sauce béchamel)*. Otherwise she … just by doing it. But I think someone should … her to wash up afterwards. That is something she has never … how to do. ➡ Corrigé p. 146

80 leave • let

I'll **leave** her the car.

I'll **let** her take the car.

Les deux verbes se traduisent par « laisser «.

> → Je lui **laisserai** la voiture.
> → Je la **laisserai** prendre la voiture.

Mais quelle est la différence ?

◆ **leave** : n'est jamais suivi d'un verbe. Son sens est alors « laisser », « abandonner », « déposer », « quitter », « oublier ».

> **Leave** your coats and your hats in the cloakroom.
> → **Laissez** vos manteaux et vos chapeaux au vestiaire.

> He **left** the house after **leaving** his suitcase in the porch.
> → Il **a quitté** la maison après avoir **déposé** sa valise dans l'entrée.

> I've lost my gloves. I **left** them on the train.
> → J'ai perdu mes gants. Je les ai **oubliés** dans le train.

◆ **let + objet + verbe** : « laisser », au sens de « permettre ». Le verbe n'est pas toujours exprimé, mais il est sous-entendu.

> **Let** me talk! **Let** me say something.
> → **Laisse**-moi parler ! **Laisse**-moi dire quelque chose.

> **Let** me go to the disco. Ann's mother always **lets** her (go).
> → **Laisse**-moi aller en boîte. La mère d'Ann la **laisse** toujours y aller.

Remarques

Let's (le *'s* est obligatoire) + verbe : pour exprimer une suggestion.

> **Let us** help you and then **let's** leave. **Let's** hurry.
> → *Laisse-nous t'aider et puis partons. Dépêchons-nous.*

Leave ou let ?

She has … home. Her parents would never have … her go. But she … early one morning. She just … a note for them on the kitchen table.

➡ Corrigé p. 146

81 *library* ≠ « *librairie* »

I borrowed this book from the **library**. *J'ai emprunté ce livre à la* **bibliothèque**.	*J'ai acheté ce livre à la* **librairie** *du coin*. I bought this book in the **bookshop** down the road.

Ces deux mots se ressemblent, mais ils n'ont pas le même sens.

◆ *library* : « bibliothèque » ;
a librarian : « un(e) bibliothécaire » ;

Could you take these books back to the **library** for me?
→ *Peux-tu rapporter ces livres à la* **bibliothèque** *pour moi ?*

Have you got your **library** ticket?
→ *Vous avez votre carte de lecteur ?*

◆ « librairie » : *bookshop* ;
« un(e) libraire » : *a bookseller*.

Il y a une **librairie** *qui vient d'ouvrir et qui vend des livres à des prix intéressants.*
→ There's a **bookshop** just opened that sells books at cut prices.

Remarques

« Bibliothèque », au sens de « meuble de bibliothèque » :
bookcase ou *wall unit*.

All the books in that **bookcase** are library books.
→ *Tous les livres dans cette* **bibliothèque** *sont des livres empruntés.*

Library, librarian, bookshop *ou* bookseller ?

– I'm a ... . I work in a ... in Burnley, in the reference section. ... are great in Britain. There are lots of them and they're absolutely free – as long as you bring the books back on time!
– Well I own a small ... in Dingley which specialises in selling books on cooking. But I don't want to go on being a ... much longer. I want to start writing my own books – but not on cooking. ➡ Corrigé p. 146

> I **like** learning Arabic.
> I'**d like** to learn Arabic.

→ J'**aime** apprendre l'arabe.
→ J'**aimerais** apprendre l'arabe.

◆ *I like* : « j'aime », « cela me plaît ». Il peut être suivi de l'infinitif ou de *-ing* sans grande différence de sens.

They **like** eating out/to eat out at the week-end.
→ *Ils **aiment** manger au restaurant le week-end.*

I **like** Goya's paintings very much.
→ *Les tableaux de Goya me **plaisent** beaucoup.*

◆ *I would like* + **infinitif** : « j'aimerais/voudrais que ».
« Je voudrais que tu fasses quelque chose » : *I would like you to do something.*

I'**d like** to invite you to my house for dinner.
→ *J'**aimerais** vous inviter à dîner à la maison.*

He'**d like** us to be there.
→ *Il **voudrait que** nous soyons là.*

Remarques

Would like est toujours un peu plus poli que *want*.

I **would like**/I want to go. But **would** you **like**/Do you want me to go?
→ *Je veux/voudrais y aller. Mais veux-tu que j'y aille ?*

Après *if*, on dit simplement *like*.

I will come with you, **if** you **like**/if you want.
→ *Je viendrai avec toi si tu veux.*

Traduisez les mots entre parenthèses.

We ... *(aimerions)* inform you that your chair is now ready. If you ... *(voudriez que nous ...)* deliver it please let us know. We hope ... *(elle vous plaira)*.
➡ Corrigé p. 146

83 *longer • more*

I don't work here any **longer.**

I don't work here any **more.**

Les deux phrases signifient la même chose. Elles se traduisent toutes les deux avec « ne… plus » :

→ *Je **ne** travaille **plus** ici.*

Mais quelle est la différence ?

◆ *more* se met à la fin de la phrase et jamais avant le verbe.

I can't wait for you any **more**. I must go.
→ *Je **ne** peux **plus** t'attendre. Je dois m'en aller.*

He doesn't go to classes any **more**.
→ *Il **ne** va **plus** aux cours.*

◆ *longer*, précédé de *no*, et avec le verbe au positif, peut se mettre avant le verbe.

I can't wait for you any **longer**. I must go.
I can **no longer** wait for you. I must go.

He doesn't go to classes any **longer**.
He **no longer** goes to classes.

Remarques

No longer est souvent préféré dans les phrases longues.

The world can **no longer** ignore the damage caused by CFC gases.
→ *Le monde **ne** peut **plus** ignorer les dégâts causés par les gaz CFC.*

No longer, not … any longer *ou* not … any more ?

They don't look after the garden … . They … cut the grass, they … weed the flower beds *(= enlever les mauvaises herbes des parterres)*, they don't plant bulbs … as they used to in the autumn. They don't prune *(= tailler)* the roses … in the springtime. The strangest thing of all is that they … sit in the garden in the summer evenings. ➡ Corrigé p. 146

---

pièges et difficultés 91

> She **looks** kind.
> She **looks like** her mother.

→ Elle **a l'air** bonne.
→ Elle **ressemble** à sa mère.

◆ *look* + adjectif : « avoir l'air ».

The trees were **looking** lovely in the rain.
→ *Les arbres **avaient l'air** beaux sous la pluie.*

Look s'emploie seulement pour « voir ». Pour « entendre », on dit *sound*.

He **sounds** interesting (from what you tell me).
→ *Il a l'air intéressant (d'après ce que tu me dis).*

◆ *look like* + nom a deux emplois :

1 « ressembler à » ; *to look alike* : « se ressembler ».

He **looks like** his brother. They **look alike.**
→ *Il **ressemble** à son frère. Ils **se ressemblent.***

2 « avoir l'impression », « on dirait que… ».

It **looks like** rain.
→ *On **a l'impression** qu'il va pleuvoir.*

En anglais familier, *look like* = *look as if.*

It **looks like** I'm not going to get any holiday this year.
→ *J'**ai l'impression** que je ne vais pas avoir de vacances cette année.*

Remarques : à la question *What does he/she look like?*, on n'est pas toujours obligé d'employer *look like* dans la réponse.

– What does he/she look like? – He's tall with a beard/She's got red hair.
→ *– Comment est-il/est-elle ? – Il est grand avec une barbe/Elle a les cheveux roux.*

Look *ou* look like ?

What does your boyfriend …? He … great. He … he ought to be a film star. He … Kevin Costner. ➥ Corrigé p. 146

---

85 *luggage* • « *bagage(s)* »

I've only got one piece of **luggage**. I can carry it myself.
*Je n'ai qu'un seul **bagage**. Je peux le porter moi-même.*

My **luggage** is too heavy. I'll get a trolley.
*Mes **bagages** sont trop lourds. Je vais chercher un chariot.*

◆ **« bagage (s) »** : en français, on peut dire « un bagage » ou « des bagages », c'est un nom dénombrable.

◆ *luggage* : en anglais, *luggage* est un nom indénombrable.

1. Il ne peut pas être précédé de *a* (ni de one, two, etc.).

Mais si on veut mentionner le nombre précis de bagages, on peut dire : *a/one/two/three piece(s) of luggage,* ou *two bags/three suitcases,* etc.

2. Il ne peut pas prendre la marque du pluriel. Le verbe qui l'accompagne est toujours au singulier.

« un bagage » : *a piece of luggage, a bag, a suitcase.*
« les/des bagages » : *the/some luggage.*
« peu de bagages » : *little luggage.*
« pas beaucoup/beaucoup de bagages » : *not much/a lot of luggage.*

How many **pieces of luggage** do you have? Only one?
→ *Tu as combien de **bagages** ? Un seul.*

He'd told me that he had very **little luggage** and that there would be plenty of room for it in the boot.
→ *Il m'avait dit qu'il avait très **peu de bagages** et qu'il y aurait largement de la place pour eux dans le coffre.*

Remarques

Le mot *baggage* existe, surtout en anglais-américain. C'est aussi un nom indénombrable.

Traduisez en anglais.

Je t'ai raconté ? Tous mes bagages ont été perdus pendant le voyage en Égypte. La plupart ont été envoyés en Thaïlande. J'en ai récupéré un au bout d'une semaine, mais je n'ai retrouvé les deux autres que la veille de mon départ. ➥ Corrigé p. 146

many • much • a lot of

> She doesn't eat **many** potatoes.
>
> He doesn't eat **much** bread.

| → *Elle ne mange pas **beaucoup de** pommes de terre.*
| → *Il ne mange pas **beaucoup de** pain.*

Many/much/a lot of s'emploient dans les phrases négatives et les questions. Dans les phrases affirmatives, surtout dans le langage familier, on a tendance à dire *a lot of*.

♦ ***many/a lot of/a large number of*** : s'emploient avec des noms au pluriel.

| Have they **many/a lot of** CDs?   – Yes, they've **a lot/a large number**.
| → *Ont-ils **beaucoup de** CD ?*   – *Oui, ils en ont **beaucoup**.*

♦ ***much/a lot of/a large amount of*** : s'emploient avec des indénombrables *(money, advice, news, etc.)*.

| Has he **much** money?   – Yes, he has **a lot/a large amount**.
| → *A-t-il **beaucoup d'**argent ?*   – *Oui, il en a **beaucoup**.*

Remarques

• « Trop de » : *too much/many*.

• « Autant de » : *as much/many*.

| A lot of people think we use **too many** plastic bags.
| → *Beaucoup de gens pensent qu'on utilise **trop de** sacs en plastique.*
|
| They spend **as much** money on drink as on food.
| → *Ils dépensent **autant d'**argent pour la boisson que pour la nourriture.*

• « Trop + adjectif » : *too* + adjectif (ni *many*, ni *much*).

| She's **too generous** and he's **too mean**.
| → *Elle est **trop généreuse** et lui est **trop radin**.*

Traduisez en employant many, much, a lot of ou too (much/many).

Je n'ai pas beaucoup de temps et j'ai trop de travail. J'ai beaucoup de lettres à écrire. Est-ce qu'il y a beaucoup de messages pour moi sur le répondeur *(= answer machine)* ? Vraiment, je suis trop occupé. ➡ Corrigé p. 146

---

87 *must • have to*

> You **must** remember to look in your mirror.
>
> You **have to** remember to look in your mirror.

Il y a très peu de différence entre ces deux phrases. Toutes les deux expriment l'obligation.

  → *Tu ne **dois** pas oublier de regarder dans le rétroviseur.*

◆ *must* est souvent choisi pour exprimer une obligation qui vient de celui qui parle.

  I really **must** have my eyes tested.
  → *Je **dois** absolument me faire examiner les yeux.*

  You **must** be more careful, you know.
  → *Tu **dois** faire plus attention, tu sais.*

◆ *have to* est souvent choisi pour exprimer une obligation qui vient de l'extérieur.

  You **have to** wear a safety belt.
  → *Il **est obligatoire** de porter une ceinture de sécurité.*

  You **have to** wear gloves. The instructions say so.
  → *Il **faut** porter des gants. Le mode d'emploi le dit.*

Remarques

Bien entendu, au passé et au futur on ne peut employer que *have to*.

  I **had to** tell them yesterday and I'**ll have** to tell them again tomorrow.
  → *J'**ai dû** le leur dire hier et je serai obligé de le leur redire demain.*

Mettez la forme **have to** *ou* **must** *qui va le mieux avec le contexte.*

Jo is Irish so she ... have a visa to enter the U.S.A. and this means, as she lives in Britain, she ... go to the American Embassy in London. But first she ... make an appointment and she ... remember to do that today or it will be too late.
➡ Corrigé p. 146

---

pièges et difficultés

88   *must • should • should have*

You **must** pay for a TV licence.

You **should** pay for a TV licence.

You **should have** paid for a TV licence.

→ *Vous **devez** payer la redevance télé.*
→ *Vous **devriez** payer la redevance télé.*
→ *Vous **auriez dû** payer la redevance télé.*

◆ *must* (comme *have to*) : une obligation ; *must not* : une interdiction.

You **must** drive on the left in Britain. You **must not** drive on the right.
→ *Vous **devez** rouler à gauche en Grande-Bretagne. Vous **ne devez pas** rouler à droite.*

◆ *should* : un conseil. Il est moins fort que *must*.

You **should** drive on the left in Britain. You **should not** drive on the right.
→ *Vous **devriez** rouler à gauche en Grande-Bretagne. Vous **ne devriez pas** rouler à droite.*

◆ *should* + *have* + **participe passé** : exprime un reproche ou une critique.

You **should have** driven on the left. You **shouldn't have** driven on the right.
→ *Vous **auriez dû** rouler à gauche. Vous **n'auriez pas dû** rouler à droite.*

Remarques

• *Ought to* peut toujours remplacer *should* dans ces constructions.

• *Must + have + ***participe passé** est le passé de *must,* dans le sens « fort probable ».

He **must have forgotten** to drive on the left.
→ *Il **a dû oublier** de rouler à gauche.*

Must, should *ou* should have ?

I told you, you … have a licence. The law says that if you have a TV you … have a licence. You … listened to me. Now you … pay a fine *(= contravention)* and it serves you right. *(= c'est bien fait pour toi.)*

➡ Corrigé p. 146

89 *mustn't • don't have to*

You **mustn't** tell them when you're leaving.

You **don't have to** tell them when you're leaving.

La signification de ces deux phrases est totalement différente.
> → *Vous **ne devez pas** leur dire quand vous partez.*
> → *Vous **n'êtes pas obligé** de leur dire quand vous partez.*

◆ *mustn't* exprime une interdiction ou un conseil négatif.
> You **mustn't** count your chickens before they're hatched.
> → *Il **ne faut pas** vendre la peau de l'ours avant de l'avoir tué.*
> *(Lit : Il ne faut pas compter ses poussins avant que les œufs ne soient éclos.)*

◆ *don't have to* = *needn't* et exprime l'absence d'obligation.
> You **don't have to** be mad to work here but it helps.
> → *Il n'est pas nécessaire d'être fou pour travailler ici, mais ça aide.*
>
> It's great **not to have to** get up for work this morning.
> → *C'est bon de **ne pas être obligé de** se lever pour travailler ce matin.*

Remarques

• Au passé, l'absence d'obligation s'exprime par *didn't have to/didn't need to.*
> They **didn't have to/didn't need to** go to work yesterday.
> → *Ils **n'avaient pas besoin** d'aller travailler hier.*

• Une interdiction au passé s'exprime par *be forbidden to, be not allowed to.*
> We **were forbidden** to smoke and we **weren't allowed to** talk.
> → *Il nous **était interdit** de fumer et de parler.*

Mustn't *ou* don't have to *dans cette recette ?*

You ... add onions but I think it's better if you do. You ... add too much salt – it will spoil the flavour. You ... fry the vegetables first but I always do. You ... add any meat if your guests are vegetarian.　　➡ Corrigé p. 147

---

pièges et difficultés

90 *needn't • don't need to*

> You **needn't** pay the bill immediately.
> You **don't need to** pay the bill immediately.

→ *Vous **n'avez pas besoin** de régler l'addition tout de suite.*

Il n'y a pas de différence entre ces deux phrases. À la forme négative au présent, *need* peut s'employer comme un auxiliaire s'il est suivi de l'infinitif.

◆ *needn't* + infinitif sans *to* : « ne pas avoir besoin de ».

> You **needn't** have a visa.
> → *Vous **n'avez pas besoin de** visa.*

Needn't + *have* + participe passé : « ce n'était pas la peine ».

> You **needn't have got** a visa.
> → *Ce **n'était pas la peine d'**obtenir un visa.*

◆ *don't need to* fonctionne comme un verbe normal.

> **Do I need** to get a visa?   – No, you **don't need to**.
> → ***Ai-je besoin** d'un visa ?*   – *Non, tu **n'en as pas besoin**.*
>
> I **needed** a passport but I **didn't need** a visa.
> → *J'**avais besoin** d'un passeport, mais je **n'avais pas besoin** de visa.*

Remarques

Need + *-ing* = *need to be done* : « avoir besoin d'être fait ».

> My bike **needs repairing**.
> → *Mon vélo **a besoin d'être réparé**.*

Need (to), needn't, don't need to *ou* needn't have ?

You want to lose weight *(= perdre du poids)*? It's simple. You … bought that large book entitled "What You … Do To Lose Weight". All you … do is to eat less. But you … starve *(= mourir de faim)*. Your scales *(= balance)* are wrong, by the way. They … adjusting.   ➡ Corrigé p. 147

---

91   *news* • *« nouvelle (s) »*

> It was wonderful **news** to hear that they'd won.
> *C'était une **nouvelle** merveilleuse d'apprendre qu'ils avaient gagné.*
>
> The **news** from the hospital was hopeful.
> *Les **nouvelles** de la clinique étaient encourageantes.*

♦ **« nouvelles »** : en français, on peut dire « une nouvelle » ou « des nouvelles », c'est un nom dénombrable.

♦ *news* en anglais, est un nom indénombrable.

1. Il ne peut pas être précédé de *a/an* (ni de *one, two, three,* etc.).

Si on veut mentionner un nombre précis, il faut dire : *a/one/two/three… piece(s) of news.*

2. Il ne peut pas prendre la marque du pluriel. Malgré la terminaison en "s", le verbe qui l'accompagne est toujours au singulier.

« une nouvelle » : *news* ou *some news* ou *a piece of news.*
« une petite nouvelle » : *a small piece of news.*
« des nouvelles » : *some news.*
« peu de nouvelles » : *little news.*
« beaucoup/pas beaucoup de nouvelles » : *a lot of/not much news.*

> No **news is** good news.
> → *Pas de nouvelles, bonnes nouvelles.*
>
> She didn't give me much **news**.
> → *Elle ne m'a pas donné beaucoup de **nouvelles**.*

Traduisez en anglais.

1. Quelle bonne nouvelle !
2. On a eu très peu de nouvelles depuis des mois.
3. Les nouvelles de l'usine sont inquiétantes.
4. Je vais vous annoncer une nouvelle qui va vous surprendre.
5. Quelles sont les dernières nouvelles à propos de son départ ?

➥ Corrigé p. 146

---

pièges et difficultés

92 *pass* ≠ « *passer* »

> She was delighted when she heard she**'d passed** the exam.
>
> *Elle fut heureuse d'apprendre qu'elle était reçue à l'examen.*

> *Elle fut découragée d'apprendre qu'elle devait* **passer** *un examen d'entrée.*
>
> She was depressed when she heard she had to **take** an entrance exam.

Ces deux mots se ressemblent, mais ils n'ont pas toujours le même sens.

◆ *to pass an exam* : « réussir/être reçu à/avoir un examen ».

He **passed** his driving test at the third attempt.
→ *Il **a réussi** son permis après l'avoir tenté trois fois.*

It's a difficult exam. Do you think she'll **pass** it?
→ *C'est un examen difficile. Tu crois qu'elle l'**aura** ?*

◆ « **passer un examen** » : *to take/sit an exam.*

*Il **a passé** trois fois l'examen avant d'être reçu.*
→ He **sat the exam** three times before he passed.

*Il ne veut pas **passer** son permis encore.*
→ He doesn't want to **take** his driving test yet.

Remarques

« Passer du temps à faire quelque chose » : *to spend time doing something.*

*Elle **a passé beaucoup de temps à préparer** l'examen.*
→ She spent a lot of time studying for the exam.

Mettez la forme appropriée de take ou de pass.

I've … a lot of exams in my life but I've only managed to … one of them and that was an exam I … in order to become a guide, showing British tourists round Paris. I lost my way on the Metro three times so I was surprised that I … . But maybe it was because I was the only candidate who spoke English.
➥ Corrigé p. 147

93   *person • people*

> There was only one **person** there I didn't know.
>
> There were several **people** there I didn't know.

→ *Il n'y avait là qu'une **personne** que je ne connaissais pas.*
→ *Il y avait là plusieurs **personnes** que je ne connaissais pas.*

◆ *person* ne s'emploie normalement qu'au singulier. *Persons* s'emploie rarement. Le pluriel de *person* est *people*.

People est un nom que l'on trouve toujours au pluriel, sauf quand on veut parler de *a people/peoples* dans le sens de « un peuple/des peuples ».

◆ *people* : « personnes », « gens » ; « tout le monde » : *everybody, people.*

People are funny. You never know how they're going to react.
→ ***Les gens*** *sont bizarres. On ne sait jamais comment ils vont réagir.*

She's the **person** who interviewed you – or rather one of the **people**.
→ *C'est la **personne** qui t'a interviewé – ou plutôt une des **personnes**.*

Remarques

Les mots suivants sont, comme *people*, des noms pluriels en anglais : *the customs* (= « la douane »), *scales* (= « la balance »), *clothes* (voir *31*, p. 35), *trousers, jeans, knickers, pyjamas, shorts.*

His **trousers** are too short, my **jeans** are too tight and her **pyjamas** are much too small now. All our **clothes** have shrunk.
→ *Son **pantalon** est trop court, mon **jean** est trop serré et son **short** est bien trop petit maintenant. Tous nos **vêtements** ont rétréci.*

En revanche, les matières qui se terminent en "s" *(mathematics, economics, physics,* etc.*)* sont des singuliers en anglais.

He finds that **physics is** easier than **mathematics**.
→ *Il trouve que la physique est plus facile que les mathématiques.*

Traduisez en anglais.

À la douane ils vérifiaient les passeports de tous les gens. Devant, il y avait deux personnes en short et une troisième personne en pantalon rouge qui se disputaient avec le douanier. Les gens commençaient à s'impatienter.

➡ Corrigé p. 147

---

pièges et difficultés

94 *phrasal verbs*

Ici on appelle **phrasal verb** tout verbe qui est formé de deux ou trois mots : soit **verbe + particule**, soit **verbe + préposition**, soit **verbe + particule + préposition**.

Dans les pages qui suivent, quelques exemples courants de ces *phrasal verbs* – basés sur quatre verbes très fréquents *(get, look, make, put)* – sont présentés à titre d'échantillon. L'objet principal est d'expliquer leur sens pour en fournir une connaissance réceptive. Quant à la connaissance active, à savoir l'emploi de ces verbes dans la conversation, elle s'acquiert petit à petit.

Toutefois, on trouvera pour chaque verbe quelques indications sur son bon emploi.

Il faut noter, en particulier, qu'avec les verbes à particule, l'objet, si c'est un nom, peut se placer soit immédiatement après le verbe, soit à la fin.

She looked the **word** up/She looked up the **word**.
→ *Elle a cherché le mot dans le dictionnaire.*

Mais si l'objet est un pronom, il se place toujours avant la particule.

She looked **it** up.

Avec les **verbes + préposition** et les **verbes + particule + préposition**, le nom ainsi que le pronom se mettent toujours à la fin.

I looked at **the photos**/I looked at **them**.
→ *J'ai regardé les photos/Je les ai regardées.*

I'm looking forward to **the concert**/I'm looking forward to **it**.
→ *J'attends avec impatience le concert/Je l'attends avec impatience.*

Toutes les alternatives possibles sont indiquées dans les exemples qui suivent. Les éléments qui ne sont pas obligatoires sont mis entre parenthèses.

How is he **getting on with** his brother?
How is he **getting on in** life?

> → Comment *s'entend*-il avec son frère ?
> → Comment **vont** les choses pour lui ?

◆ *to get on with someone* : « s'entendre avec quelqu'un ».

She's not very easy to **get on with**.
→ Elle n'est pas très facile à vivre.

◆ *to get on (with your work/in life)* : « aller », « marcher ».

How are they **getting on**? How is their business **getting on**?
→ Comment **vont**-ils ? Comment **marchent** leurs affaires ?

◆ *to get over (an illness/disappointment)* : « revenir de », « se remettre d'une maladie/déception ».

Has he **got over** the flu yet?
→ Est-il **remis** de sa grippe ?

When I told her, she couldn't **get over** it.
→ Quand je le lui ai appris, elle n'en **revenait** pas.

◆ *to get round to doing something* : « trouver le temps de faire quelque chose ».

I never **get round to writing** any letters these days.
→ Je ne **trouve** jamais **le temps d'écrire** des lettres ces jours-ci.

Mettez la forme appropriée de **get on, get over,** *ou* **get round to.**
Dear Jo,
How are you ... in your new job? Why haven't you ... writing to me? I am dying to know how you are ... with the people you're working with. Write soon,
love, Liz.
P.S. I hope you've ... the trauma of leaving Ireland.   ➡ Corrigé p. 147

---

pièges et difficultés   **103**

look at / after / for / forward to / into / through / up / up to

→ Elle **étudie** les babouins.

→ Elle **s'occupe** de babouins.

Look se combine avec plusieurs mots comme *at*, *for*, etc. pour donner des sens différents.

◆ *look at something/somebody* : « regarder ».

look at things : « voir les choses ».

> They should **look at** the question of safety.
> → *Ils devraient **regarder**/considérer la question de la sécurité.*
>
> It depends how you **look at things**.
> → *Ça dépend comment tu **vois les choses**.*

◆ *look after something/somebody* : « garder », « s'occuper de quelque chose/quelqu'un ».

> Who l**ooks after** the business while he's **looking after** the baby?
> → *Qui s'occupe de l'entreprise pendant qu'il **s'occupe** du bébé ?*

◆ *look for something* : « chercher quelque chose ».

> They should be **looking for** a solution to the problem.
> → *Ils devraient **chercher** une solution au problème.*

• *look forward to something/to doing something* : « attendre », « s'attendre (avec impatience) à quelque chose/à faire quelque chose », « se réjouir d'avance », « il me (lui, nous, etc.) tarde de ».

> I'm **looking forward to** seeing you again.
> → *Il me tarde de te revoir.*

◆ *look into something* : « examiner », « étudier », « s'occuper de », « regarder de près quelque chose ».

I think we should **look into** this. There's something wrong.
→ *Je pense qu'on devrait s'en **occuper/regarder** cela. Il y a quelque chose qui ne va pas.*

◆ *look through something* : « parcourir quelque chose ».

I've **looked through** the book and I can't find any reference to it.
→ *J'ai **parcouru** le livre et je n'y trouve aucune référence à cela.*

◆ *look up something/look something/it up* : « chercher quelque chose dans un dictionnaire, un fichier, etc. ».

I **looked up** his number/I **looked** his number up/I **looked** it up in the phone book.
→ ***J'ai cherché** son numéro de téléphone dans l'annuaire/Je l'**ai cherché** dans l'annuaire.*

◆ *look up to somebody/something* : « respecter », « avoir du respect pour quelqu'un/quelque chose ».

They have always **looked up** to her.
→ *Ils **ont** toujours **eu du respect** pour elle.*

***Mettez une forme appropriée de* look at/after/for/into/ through/up/up to.**

Dear Madam,
We are ... a research assistant in our Fleming Laboratory and are writing to enquire if you would be interested in applying for the post.
We ... in our files *(= fichier)* the application which you sent us last year.
... it we notice that, as part of your research while at university, you ... the question of mammals *(= mammifères)* in captivity. In fact we understand from your application that, while working subsequently at Finsbury Nature Park, you ... several baboons born in captivity. We note also that, while at university, you were a student of Professor Wilde, somebody whom we at this Institute have always ... as a zoologist who enjoys a world wide reputation.
We ... receiving your reply.   ➡ Corrigé p. 147

97 *make for* • *make out* • *make up*

THEY MADE FOR THE COAST.

THEY MADE OUT THE COAST.

→ *Ils **se sont dirigés** vers la côte.*   → *Ils **ont discerné** la côte.*

Make se combine avec des mots comme *for, out, up* pour donner des sens différents.

◆ *make for* + **nom** : « se diriger vers ».

> She **made for** the door as soon as she saw him arriving.
> → *Elle **s'est dirigée vers** la porte aussitôt qu'elle l'a vu arriver.*

◆ *make out*

make out something / to make something/it out : « discerner », « distinguer ».

> He **made out** a house on the horizon./He **made** a house/it **out**.
> → *Il **a discerné** une maison à l'horizon.*

make out something/make something/it out (au sens abstrait) : « arriver à une conclusion », « prouver », « justifier ».

> They're trying to **make out** a case for raising income tax.
> → *Ils essaient de **justifier** une augmentation des impôts.*

> How do you **make out** that she's lying?
> → *Comment **arrives-tu à la conclusion** qu'elle ment ?*

make something / somebody out : « arriver à comprendre quelque chose/quelqu'un».

> I can't **make her out**. I thought she liked English.
> → *Je n'arrive pas **à la comprendre**. Je croyais qu'elle aimait l'anglais.*

◆ *make up*

make up (one's face) / to make oneself up : « se maquiller ».

She doesn't often **make** herself **up**.
→ *Elle ne se maquille pas souvent.*

make up a story / to make a story/it up : « inventer une histoire», « affabuler ».

He didn't win anything in the lottery. He **was making it up**.
→ *Il n'a rien gagné à la loterie. Il affabulait.*

make up for something : « compenser », « rattraper ».

He decided to drive faster to **make up for lost time**.
→ *Il décida de rouler plus vite pour rattraper le temps perdu.*

She's not very intelligent but she **makes up for it** by working hard.
→ *Elle n'est pas très intelligente, mais elle compense en travaillant dur.*

made up of something/someone : « être composé de quelque chose/ quelqu'un».

Water **is made up** of hydrogen and oxygen.
→ *L'eau est composée d'hydrogène et d'oxygène.*

The committee **is made up** of representatives from several countries.
→ *Le comité est composé de représentants de plusieurs pays.*

*Remplacez les mots soulignés par des expressions avec **make**.*

I can't <u>understand</u> it. She <u>put make up on</u> – which is not normal for her – and then she went out. I saw her <u>driving in the direction of</u> town. I was just able <u>to see</u> her yellow car disappearing down the street in the traffic. She told me she was going to spend the week-end with her parents to <u>compensate for</u> not having seen them at Christmas. But I think she was <u>inventing a story</u> because her mother rang up on Sunday asking to speak to her. When she got back Sunday evening she <u>explained this by saying</u> that her mother is a little mad and does strange things like that. I can't <u>understand</u> it. ➡ Corrigé p. 147

pièges et difficultés 107

98 put across / forward / off / out / up / up with

Can you **put** me **up** for the night?

How can you **put up** with them?

→ Pouvez-vous **m'héberger** cette nuit ?
→ Comment pouvez-vous les **supporter** ?

Put se combine avec plusieurs mots comme *across*, *off*, *up*, etc. pour donner des sens différents.

◆ *put across something / put something / it across* : « expliquer », « faire passer », « vendre quelque chose ». On dit aussi *put over*.

He knows his subject but he's not very good at **putting it across/over**.
→ *Il connaît son sujet, mais il n'arrive pas bien à **le vendre**.*

◆ *put forward something / put something / it forward* : « avancer une suggestion, une idée », « faire une proposition».

Can I **put forward** a proposal?
→ *Puis-je **faire une proposition** ?*

◆ *put off* a deux sens :

1 *put off doing something / put something / it off* = *postpone* : « reporter », « remettre ».

Never do today what you can **put off** until tomorrow.
→ *Ne faites jamais le jour même ce que vous pouvez **remettre** au lendemain.*

We'll have to **put** the meeting **off**.
→ *Nous devrons **remettre** la réunion.*

The match will be **put off** because of the snow.
→ *Le match sera **reporté** à cause de la neige.*

2 *put someone off (doing) something* : « décourager », « dégoûter quelqu'un de (faire) quelque chose ».

> I don't want to **put you off going** there but it's not a nice place.
> → *Je ne veux pas **te dégoûter d'y aller**, mais ce n'est pas un endroit sympathique.*

> I was **put off playing** golf when I learnt the cost.
> → *J'ai été **découragé de jouer** au golf quand j'ai su le prix.*

◆ *put someone out* : « déranger quelqu'un », « faire de la peine à quelqu'un ».

> I don't want to **put you out** but can you give me a lift?
> → *Je ne veux pas **te déranger**, mais est-ce que tu peux me déposer ?*

◆ *put someone up / put up someone* : « héberger », « loger quelqu'un ».

> We don't have the room to **put anyone up**.
> → *Nous n'avons pas de place pour **loger qui que ce soit**.*

◆ *put up with someone / something* : « supporter », « tolérer » quelqu'un/quelque chose.

> I don't know how you **put up with all that noise**.
> → *Je ne sais pas comment tu **supportes tout ce bruit**.*

> She has a lot to **put up with** – six children and a husband who drinks.
> → *Elle a beaucoup à **endurer** – six enfants et un mari qui boit.*

Remplacez les mots soulignés par des verbes avec put.

Can I stay with you for the night? Can you tolerate me? Or are you disgusted by all these rings in my nose? Can I make a suggestion? Maybe it will inconvenience you less if I sleep on the sofa downstairs. You know I postponed leaving for Cornwall in order to come and see you. I've been trying to explain to you my philosophy of life. But it doesn't look as if I've succeeded.
➥ Corrigé p. 148

---

pièges et difficultés

present perfect • prétérit (1)

→ *Ils **ont été mariés** quarante ans.*   → *Ils **sont mariés** depuis quarante ans.*

Le *present perfect* n'est pas l'équivalent du passé composé français. C'est un temps qui a un pied dans le passé et un pied dans le présent. Voici les trois principaux cas d'emploi.

1 On emploie le *present perfect* quand l'action, l'activité ou l'état qui ont commencé dans le passé continuent toujours dans le présent.

He **has worked** here for ten years/since 1985 (and he's still here).
→ *Il **travaille** ici depuis dix ans/depuis 1985.*

She **has lived** in China for five years/since 1990 (and she is still there).
→ *Elle **vit** en Chine depuis cinq ans/depuis 1990.*

On emploie le *prétérit* si l'action, l'activité ou l'état sont terminés .

He **worked** here for ten years and then he **left.**
→ *Il **a travaillé** ici pendant dix ans et puis **il est parti**.*

She **lived** in China for five years and then she **left.**
→ *Elle **a vécu** cinq ans en Chine et puis elle **est partie**.*

Mettez la forme appropriée de spend *ou de* be.

I … (spend) the last six months in Italy. I … (be) in Padua for two months and then I … (be) in Ravenna for one month and I … (be) in Rome for three months now.   ➥ Corrigé p. 148

Have you ever **been** to China?

Did Marco Polo ever **go** to China?

Ces deux phrases se traduisent avec le même temps :

→ *Est-ce que vous **êtes** jamais **allé** en Chine ?*
→ *Est-ce que Marco Polo **est** jamais **allé** en Chine?*

2 On emploie le ***present perfect*** quand on parle d'une période non terminée. Il s'emploie souvent avec les mots comme *always, ever, never, often, yet*, quand on veut dire « jusqu'à présent ».

Have you always lived in Shetland?
→ *Vous avez toujours vécu aux Shetland ?*

Has she never seen snow?
→ *N'a-t-elle jamais vu de neige ?*

Have you often been to England?
→ *Es-tu souvent allée en Angleterre ?*

On emploie le ***prétérit*** si on parle d'une période terminée.

Did your grandmother **always live** in Shetland? *(Elle est morte)*
→ *Votre grand-mère a toujours vécu aux Shetland ?*

She never saw snow before she came to Europe.
→ *Elle n'a jamais vu de neige avant de venir en Europe.*

I went to England often when I was at school.
→ *Je suis souvent allée en Angleterre quand j'étais à l'école.*

Mettez la forme appropriée des mots entre parenthèses.

... (you, read) *Robinson Crusoe?* I ... (start) reading it a few days ago and I ... (almost, finish) it now. I ... (often, think) that it would be exciting to live on a desert island. I ... (never, be) on a boat by myself but last year I ... (spend) three days by myself in the mountains. ➡ Corrigé p. 148

---

pièges et difficultés   **111**

present perfect • prétérit (3)

> Look! I **have bought** a hat.
>
> I **bought** a hat yesterday.

Ces deux phrases se traduisent avec le même temps :

→ *Regarde ! J'**ai acheté** un chapeau.*
→ *J'**ai acheté** un chapeau hier.*

3 On emploie le ***present perfect*** même quand l'action est terminée :

a) si le moment de l'action n'est pas indiqué ;

b) si l'intérêt principal est dans l'effet de l'action sur le présent.

Look! I **have bought** a hat. What do you think of it?
→ *Regarde ! J'**ai acheté** un chapeau. Qu'est-ce que tu en penses ?*

He **has lost** his job. He's unemployed.
→ *Il **a perdu** son travail. Il est chômeur.*

• La règle d'or : s'il y a une référence au passé (le moment ou les circonstances sont indiqués), il faut employer le ***prétérit***

I **bought** a hat **yesterday** in "Chic". It **cost** £60.
→ *J'**ai acheté** un chapeau **hier** chez « Chic ». Il **a coûté** 60 livres.*

He **lost** his job **last week**.
→ *Il **a perdu** son travail **la semaine dernière**.*

She **broke** her leg **skiing**.
→ *Elle s'**est cassé** la jambe **en faisant du ski**.*

---

*Mettez les verbes entre parenthèses au **present perfect** ou au **prétérit**.*

I ... (buy) a new computer and I ... (sell) my old one. I ... (offer) it to a friend but he ... (refuse) it. So I ... (put) an ad *(= annonce)* in the paper and yesterday this man ... (come) along and ... (buy) it from me for £100. I ... (put) the money in the bank straight away. ➡ Corrigé p. 148

present perfect progressif
• *present perfect simple*

What **have** you **been doing** today (so far)?

What **have** you **done** today (so far)?

→ *Qu'est-ce que tu **as fait** aujourd'hui (jusqu'à maintenant) ?*

Dans ces deux phrases, on emploie le *present perfect* parce que la période de temps n'est pas achevée. Mais quelle est la différence entre les deux ?

◆ *present perfect progressif* : la forme progressive – *What have you been doing?* – s'emploie si on voit les actions comme des activités. Ce qui est important, c'est l'activité elle-même. Soit cette activité continue dans le présent, soit elle vient de s'achever.

I'**ve been reading** *Pride and Prejudice.* I've almost finished it.
→ *Je **lis** Pride and Prejudice. Je l'ai presque fini.*

I'**ve been painting** the ceiling. I've just finished it.
→ *J'**ai peint** le plafond. Je viens de le finir.*

Your hair's wet. **Have** you **been swimming**?
→ *Tu as les cheveux mouillés. Tu **as été** à la piscine ?*

◆ *present perfect simple* : la forme simple – *What have you done?* – s'emploie si on voit les actions comme des faits achevés.

Today so far? I'**ve painted** the ceiling, I'**ve cooked** the dinner and I'**ve read** *Pride and Prejudice!*
→ *Aujourd'hui jusqu'à maintenant ? J'**ai peint** le plafond, j'**ai préparé** le dîner et en plus j'**ai lu** Pride and Prejudice !*

Traduisez en employant le present perfect simple ou progressif.

Ils ont visité Édimbourg toute la journée. Ils ont marché sans arrêt. Qu'est-ce qu'ils ont vu ? Ils ont vu le château, le musée et l'endroit où Rizzio, l'amant italien de Marie Stuart, s'est fait assassiné en 1566.

➥ Corrigé p. 148

---

pièges et difficultés 113

103 présent simple • présent progressif

Ces deux phrases se traduisent de la même façon.

> → Est-ce qu'il **parle** anglais ?

L'anglais a deux formes du présent. Quelle est la différence entre les deux ?

◆ *Le présent simple* (*Does he speak…?*) s'emploie pour exprimer des états, des faits, des généralités, des habitudes.

◆ *Le présent progressif* (*Is he speaking…?*) s'emploie pour des actions ou des activités en cours. L'équivalent le plus proche serait « en train de ».

Comparez ces quatre paires de phrases :

1 He **speaks** French very badly though he **lives** in France.
→ *Il **parle** très mal le français bien qu'il **vive** en France.*

That man at the next table **is speaking** English, though it sounds more like French because of his accent.
→ *Cet homme à la table à côté **parle** anglais, mais on dirait du français à cause de son accent.*

2 The water **runs** into this tank.
→ *L'eau **coule** dans cette citerne.*

The water **is running** onto the floor. We must do something.
→ *L'eau **déborde** sur le plancher. Il faut faire quelque chose.*

3 What **do you do**? – I **study** plants. I'm a botanist.
→ *Qu'est-ce que tu **fais** ? – J'**étudie** les plantes. Je suis botaniste.*

Have you finished writing the report? – I**'m doing it**.
→ *As-tu fini d'écrire le rapport ? – Je **suis en train de le faire**.*

4 | What **do you eat** for breakfast as a rule?
→ *Qu'est-ce que tu manges au petit déjeuner en général ?*

I**'m not eating** very much for breakfast at the moment.
→ *Je ne mange pas beaucoup pour le petit déjeuner en ce moment.*

Remarques

• Pour exprimer une habitude dans le passé, on emploie *used to*. Pour exprimer une habitude au présent, on emploie le présent simple. *Used to* n'a pas de forme au présent :

Passé : We **used to go** to the country every week-end.
Présent : We **go** to the country every week-end.

• Pour parler d'une action future organisée, on emploie le présent progressif.

What do you do at the week-end usually?
→ *Qu'est-ce que tu fais le week-end d'habitude ?*

What are you doing at the week-end?
→ *Qu'est-ce que tu fais <u>ce</u> week-end ?*

• Certains verbes sont toujours ou presque toujours incompatibles avec le présent progressif : *believe, belong :* « appartenir », *feel* (dans le sens de « croire, penser »), *hate, hear, know, like, love, see, understand,* etc.

She **loves** her children, she **understands** them, she **believes** in them, but she **feels** also that they **do not belong** to her, now they're adults.
→ *Elle **aime** ses enfants, elle les **comprend**, elle **croit** en eux, mais elle pense aussi qu'ils **ne** lui **appartiennent pas**, maintenant qu'ils sont adultes.*

Mettez la forme appropriée du verbe entre parenthèses.

Too few people ... (use) public transport when they go to work. Too many people ... (take) their cars every day. They ... (feel) more important when they ... (sit) behind a steering wheel *(= volant)*. But the car (rapidly destroy) our environment because it ... (pollute) the atmosphere.

➡ Corrigé p. 148

---

pièges et difficultés   **115**

104 *pretend* ≠ « *prétendre* »

She **pretended** to be a doctor by walking round the hospital in a white coat.

Elle a fait semblant d'être médecin en se promenant dans l'hôpital en blouse blanche.

Elle prétend être médecin parce qu'elle a étudié la médecine pendant trois ans.

She **claims** she is a doctor because she studied medicine for three years.

Ces deux mots se ressemblent, mais ils n'ont pas le même sens.

◆ *pretend* : « faire semblant » ou « faire comme si ».

He **pretended** to be ill so he didn't have to go to school.
→ *Il a fait semblant d'être malade afin de ne pas aller à l'école.*

He **pretended** not to see us.
→ *Il a fait comme s'il ne nous avait pas vus.*

◆ « **prétendre** » : *to claim.*

Il prétend ne pas nous avoir vus, mais il ment.
→ He **claims** he didn't see us but he's lying.

Vous ne pouvez pas **prétendre** à un dédommagement si vous n'êtes pas assuré contre le vol.
→ You can't **claim** compensation unless you're insured against theft.

◆ « **On prétend que...** » : *They say ...*

On prétend qu'elle est grecque.
→ **They say** she's Greek.

Pretend *ou* claim ?

He ... somebody stole his computer (= *ordinateur*). He ... that he left it on his desk while he went out to do his shopping and that it wasn't there when he got back though he ... he locked the door. But I think he's lying. He's only ... to be very upset about it. He's a very good actor, you know.

➡ Corrigé p. 148

---

105   *prétérit • pluperfect*

They **ate** when I arrived.

They **had eaten** when I arrived.

> → *Ils se sont mis à table quand je suis arrivé.*
> → *Ils avaient fini de manger quand je suis arrivé.*

Le *pluperfect* en anglais n'a rien à voir avec le *present perfect*. Il s'emploie – comme le plus-que-parfait français – pour préciser qu'une action/situation dans le passé en précède une autre.

◆ **prétérit** : *they ate*. L'action est simultanée à *I arrived*.

> She **lost** her job when she **went** on holiday.
> → *Elle a perdu son travail quand elle est partie en vacances.*

> He **believed** she was telling the truth.
> → *Il croyait qu'elle disait la vérité.*

◆ **pluperfect** : *they had eaten*. L'action est antérieure à *I arrived*.

> She**'d** already **lost** her job when she went on holiday.
> → *Elle avait déjà perdu son emploi quand elle est partie en vacances.*

> He **had hoped** she was telling the truth.
> → *Il avait espéré qu'elle disait la vérité.*

Remarques

Avec « depuis » (= *for/since*) et « venir de » (= *have just*), là où le français emploie le passé (l'imparfait), l'anglais emploie le *pluperfect* (plus-que-parfait) :

> He**'d lived** there **since** 1968, but he**'d** only **just learnt** Thai.
> → *Il vivait là depuis 1968, mais il venait seulement d'apprendre le thai.*

Traduisez en anglais.

Ils venaient de manger quand nous sommes arrivés. Nous avions pensé qu'ils nous attendraient, mais ils avaient commencé à manger à huit heures. Ils ont supposé que nous avions déjà mangé, alors ils ne nous ont rien offert.   ➥ Corrigé p. 148

---

106 *raise • rise*

She **raised** her arm.

The sun **rose** at five this morning.

→ Elle **leva** le bras.
→ Le soleil **s'est levé** à cinq heures ce matin.

◆ *raise* est toujours suivi d'un complément d'objet : « lever », « soulever », « augmenter ».

You should **raise** the question of travelling expenses.
→ Tu devrais **soulever** la question des frais de voyage.

They**'ve raised** the price of petrol again.
→ Ils **ont** encore **augmenté** le prix de l'essence.

He **raised** a hand for silence.
→ Il **a levé** la main pour obtenir le silence.

◆ *rise* ne prend jamais de complément d'objet : « (se) lever », « (se) soulever », « augmenter ».

Her salary **rose** last year but the cost of living **rose** too.
→ Son salaire **a augmenté** l'année dernière, mais le coût de la vie **a augmenté** aussi.

That bread won't **rise** unless you put enough yeast in it.
→ Ce pain ne **lèvera** pas à moins que tu ne mettes suffisamment de levure.

Remarques

Arise comme *rise* ne prend pas de complément d'objet. Il s'emploie dans un sens figuré avec des noms comme *question, problem, difficulty.*

The question of travelling expenses **arose** at the meeting.
→ La question des frais de voyage **a été soulevée** lors de la réunion.

Mettez la forme appropriée de arise, rise ou raise.

A problem … at the meeting regarding the school fair (= kermesse) which was being planned to … money for the school. Mrs Goodfellow … to her feet to … the question of whether an entrance fee should be charged. She was against it. Mr Wellfare was strongly in favour. His voice … as he argued his case. ➥ Corrigé p. 148

---

107 *remark* ≠ « *remarquer* »

She **remarked** that the weather was getting warmer.	*Elle **a remarqué** que le temps se réchauffait.*
*Elle **a fait remarquer** que le temps se réchauffait.*	She **noticed** that the weather was getting warmer.

Ces deux mots se ressemblent, mais ils n'ont pas le même sens.

◆ *remark that/remark on* = « remarquer + dire », donc « faire une remarque », « faire remarquer ».

> She **remarked** on his new hair style.
> → *Elle **a fait une remarque** sur sa nouvelle coiffure.*

◆ « **remarquer** » : *to notice* ; « se faire remarquer » : *to be noticed.*

> *J'**ai remarqué** qu'il avait rasé sa barbe.*
> → I **noticed** that he'd shaved off his beard..
>
> *– **Avez-vous remarqué** des changements dans la ville ?*
> *– Oui, j'**ai remarqué** qu'ils ont construit un nouveau rond-point.*
> → – **Have you noticed** any changes in the town?
> – Yes I**'ve noticed** that they've built a new roundabout.
>
> *Il aime **se faire remarquer**.*
> → He likes to **be noticed**.

Remarques

Le verbe *remark* n'est pas beaucoup employé. L'essentiel est de se rappeler que « remarquer » = *notice*.

Mettez la forme appropriée de remark *ou* notice.

– Have you ever ... how she always disappears when there is washing up to be done? I ... to her once that she should help more and she flew into a rage.
– You shouldn't have ... on it. I hadn't actually ... her being lazy.
But I had ... that she was bad-tempered *(= avoir mauvais caractère)*.

➡ Corrigé p. 148

---

pièges et difficultés

108 *remember • remind*

> He **remembered** to check the oil.
>
> He **reminded** them to check the oil.

→ *Il **a pensé à** vérifier l'huile.*
→ *Il leur **a rappelé** de vérifier l'huile.*

◆ *remember to do something* : « penser à/ne pas oublier de faire quelque chose » ; *remember doing/having done something* : « se rappeler avoir fait quelque chose » ; *remember something* : « se rappeler quelque chose ».

Remember to buy some bread.
→ ***N'oubliez pas d'acheter** du pain.*

Do you **remember switching off** the gas before leaving?
→ *Est-ce que tu **te rappelles avoir fermé** le gaz avant de partir ?*

I **remember** now where I saw him recently. It was in Monte-Carlo.
→ *Je **me rappelle** où je l'ai vu dernièrement. C'était à Monte-Carlo.*

◆ *remind someone (to do something)* : « rappeler à quelqu'un de faire quelque chose » ; *remind someone of something* : « rappeler quelque chose à quelqu'un ».

I had to **remind her to turn the gas off**.
→ *J'ai dû **lui rappeler de fermer le gaz**.*

I'd like to **remind you of** what was said at the last meeting.
→ *J'aimerais **vous rappeler** ce qui a été dit pendant la dernière réunion.*

Can you **remind me** in case I forget?
→ *Peux-tu **me le rappeler** au cas où j'oublierais ?*

That **reminds** me! I forgot to turn the gas off.
→ *Ça me **fait penser** que j'ai oublié de fermer le gaz.*

Remember *ou* remind ?

I'll have to … her that it's their wedding anniversary next week. She never … . He always … though, and this year he's bought two tickets for *Porgy and Bess*. I … seeing that when I was a student. She's fixed up to go to the gym that evening. That's why I'll have to … her. That … me – did you … to record that programme *(= enregistrer cette émission)*? ➡ Corrigé p. 149

I've been **robbed**!
Someone **has stolen** my wallet!

→ *On m'**a volé** !*
→ *Quelqu'un **a volé** mon portefeuille !*

Ces deux verbes se traduisent par « voler », mais il y a une différence grammaticale entre les deux mots.

◆ *rob someone (of something); be robbed of something.*

He **has robbed** a lot of people of their pensions.
→ *Il **a volé** leur retraite à beaucoup de gens.*

They'**ve robbed** him of his good name.
→ *On lui **a volé** sa bonne réputation.*

You paid £50 for it? You **were robbed**!
→ *Vous l'avez payé £50 ? On vous **a volé** !*

◆ *steal something (from somebody).*

These goods **were stolen** from the supermarket.
→ *Ces marchandises **ont été volées** au supermarché.*

He's a thief. He'**s stolen** my purse.
→ *C'est un voleur. Il **a volé** mon porte-monnaie.*

Someone'**s stolen** my car.   – Are you insured against theft?
→ *Quelqu'un **a volé** ma voiture.*   – *Tu es assurée contre le vol ?*

Remarques

Rob s'emploie s'il s'agit d'un magasin, d'un train ou d'une banque.

They were arrested for armed **robbery**. They **robbed** a bank in Pau.
→ *Ils ont été arrêtés pour **vol** à main armée. Ils **ont dévalisé** une banque à Pau.*

Mettez la forme appropriée de rob ou de steal et la préposition qui convient.

I've been ...! Who's ... my pen ... me? It was here a minute ago. I've been ... ... my pen. People are always ... my pen!   ➥ Corrigé p. 149

110 say • tell

> He **said** he was happy.
> He **told** them he was happy.

→ *Il **a dit** qu'il était heureux.*
→ *Il leur **a dit** qu'il était heureux.*

L'anglais a deux mots – *say* et *tell* – pour traduire « dire ».

◆ *say* s'emploie surtout s'il n' a pas de complément de personne. S'il y en a un, il doit être précédé de *to* : *say something **to** somebody*.

What did she **say**? She **said** that she wouldn't be there.
→ *Qu'est-ce qu'elle **a dit** ? Elle **a dit** qu'elle ne serait pas là.*

He **said** something nice **to me**. He **said** "You cheer me up."
→ *Il **m'a dit** quelque chose de gentil. Il **a dit** : « Tu me remontes le moral. »*

◆ *tell* s'emploie toujours avec un complément représentant une personne, sauf dans quelques expressions come *to tell the truth/ a lie/a story/a joke/the time*. Les constructions possibles sont les suivantes : *tell somebody (something); tell something to somebody; tell somebody to do something.*

He **told us** what had happened.
→ *Il **nous a dit** ce qui était arrivé.*

She **told** her boyfriend **the story**/She **told the story** to her boyfriend.
→ *Elle **a raconté l'histoire** à son ami.*

They **told us to fill in the form**.
→ *Ils **nous ont dit de remplir le formulaire**.*

Say *ou* tell ?

What did the psychiatrist ... to the patient who thought he was a pair of curtains? He ... him to pull himself together *(jeux de mots sur pull = tirer (les rideaux) et pull oneself together = se ressaisir).* ➡ Corrigé p. 149

111 *sensible* ≠ « *sensible* »

It was very **sensible** of him not to resign from his job. Il a été très **raisonnable** de ne pas donner sa démission.	Il est très **sensible.** Il faut faire attention à ce qu'on dit. He's very **sensitive**. You have to be careful what you say.

Ces deux mots se ressemblent, mais ils n'ont pas le même sens.

◆ *sensible* : « raisonnable », « sensé », « prudent », « judicieux ».
Cet adjectif indique qu'on est plein de bon sens, que les décisions et la conduite sont basées sur la raison, plutôt que sur les émotions.

> His behaviour wasn't very **sensible** for a man of his age.
> → *Il ne s'est pas conduit d'une façon très **sensée** pour un homme de son âge.*

◆ « **sensible** » : *sensitive.*

> – *Pourquoi me critiques-tu toujours ?*
> – *Je ne te critiquais pas. Je te disais seulement ce que je pensais.*
> *Tu es trop **sensible.***
> → – Why are you always criticizing me?
> – I wasn't criticizing you. I was only telling you what I thought.
> You shouldn't be so **sensitive.**

Remarques

• Les vêtements aussi peuvent être *sensible.*

> She wasn't wearing very **sensible** clothes for a walk in the mountains.
> → *Elle ne portait pas des vêtements très **pratiques** pour une promenade en montagne.*

• « **sensiblement** » : *appreciably, a good deal.*

> *Il est **sensiblement** plus riche que nous.*
> → He's **appreciably/a good deal** richer than us.

Sensible ou sensitive ?

She is very ... to the needs of others. But she's also the only ... one in that family. It is she who made the ... decision to move into a smaller house when they lost all their money. The only thing is I wish she didn't always wear those extremely ... suits and shoes. But she's so ... . You can't really say to her: "Ethel, stop being so ... . Do something crazy." ➡ Corrigé p. 149.

---

pièges et difficultés   **123**

should • would

> I **should** go for a walk.
> I **would** go for a walk ...

→ Je **devrais** faire une promenade.
→ Je **ferais** une promenade ...

◆ *should* (ou *ought to*) : un conseil, une recommandation.

They think there **should** be a ban on the export of live animals.
→ *Ils pensent qu'on **devrait** interdire l'exportation des animaux vivants.*

Should we protest? **Shouldn't** we join in the demonstration? I don't know whether we **should** or not.
→ ***Devrions**-nous protester ? Ne **devrions**-nous pas prendre part à la manifestation ? Je ne sais pas si nous le **devrions** ou non.*

◆ *would* est le conditionnel de *will/shall*. (En anglais moderne, *should* n'est plus guère employé comme le conditionnel de *shall*).

If I am going to be late I **will/shall** phone you.
→ *Si je dois être en retard, je t'**appellerai**.*

If I was/were going to be late, I **would** phone you.
→ *Si je devais être en retard, je t'**appellerais**.*

Dans les questions, *would* est un peu plus poli que *will* pour demander quelque chose.

Would you help me to tie this knot?
→ *Voudriez-vous m'aider à faire ce nœud ?*

Should *ou* would?

Jo : You ... take more exercise. You ... come for a walk with me.
Jim : I know I ..., and I ... if I had the time. ... you help me to clean my house and then maybe I ... have time to come for a walk?

➡ Corrigé p. 149

---

113 *singulier • pluriel*

> How **is** the family?
>
> How **are** the family?

| → *Comment **va** la famille ?*

Certains noms singuliers en français peuvent être employés en anglais comme des noms singuliers ou pluriels. Ce sont des noms « collectifs » qui renvoient à des groupes, tels que *audience, army, company, family, government, group, team, university.*

Si on considère le groupe comme une unité, on met le verbe, les pronoms, etc. au *singulier*. Si on le considère comme étant composé de plusieurs individus, on met le verbe, les pronoms, etc. au *pluriel*.

| The **government** has/have asked its/their leader to attend the meeting.
| → *Le gouvernement a demandé à son chef d'assister à la réunion.*

| A **group of parents** meets/meet every week.
| → *Un groupe de parents se rencontrent chaque semaine.*

Remarques

• Les noms des organisations ou des équipes sont souvent des noms collectifs.

| The **United Nations** is/are sending troops to the area.
| → *Les Nations Unies envoient des troupes dans cette région.*

| **Scotland** has/have won two matches but **Wales** has/have won three.
| → *L'Écosse a gagné deux matches, mais le **pays de Galles** en a gagné trois.*

• *Data* et *media* fonctionnent comme des noms singuliers ou pluriels. *The police* est toujours un nom pluriel.

| The **data** on the **media** and its/their role is/are incomplete.
| → *Les **données** sur les **médias** et leurs rôles sont incomplètes.*

Traduisez en anglais.

Les média disent que le public soutient la politique économique actuelle du gouvernement qui veut maîtriser l'inflation en limitant son pouvoir d'achat (= spending). ➡ Corrigé p. 149

---

pièges et difficultés **125**

114 so • such

> She is **so** nice.
>
> She is **such** a nice person.

Ces deux mots peuvent se traduire par « si » :

→ *Elle est **si** gentille.*
→ *C'est une **si** gentille personne.*

◆ *so* + **adjectif/adverbe** : « si + adjectif/adverbe » ou « tellement + adjectif/adverbe » .

He is **so handsome** and he dresses **so well**.
→ *Il est **si beau** et il s'habille **tellement bien**.*

I felt **so tired** and the time was passing **so slowly** that …
→ *Je me sentais **si fatiguée** et le temps passait **si lentement** que …*

◆ *such* + **(adjectif)** + **nom** : « un(e) si + adjectif + nom », ou « un(e) tel(le)s + nom ».

Such a (handsome) man ought to be a film star.
→ ***Un si bel homme/un tel homme** devrait être une star.*

They were **such odd people** that …
→ *C'étaient **des gens si étranges** que …*

Such advice, given by **such an authority**, must be good.
→ ***De tels conseils**, donnés par **une telle autorité**, doivent être bons.*

Remarques

• *So many/much* : « tant/tellement ».

There were **so many** people and **so much** noise that I left.
→ *Il y avait **tant** de monde et **tellement** de bruit que je suis partie.*

Dans cet extrait de lettre, mettez such ou so aux endroits appropriés.

It was a nice surprise to see you yesterday. It was a long time since we had met and you were looking well. I'm glad you decided to call to see me and to stay a long time. It was fun *(c'était amusant)* talking about old times.

➡ Corrigé p. 149

115 *solid* ≠ « *solide* »

I was hoping the Easter egg was **solid** but it was hollow. J'espérais un œuf de Pâques **plein** mais il était creux.	Ce tabouret n'est pas assez **solide** pour supporter ton poids. That stool isn't **strong** enough to bear your weight.

Ces deux mots se ressemblent, mais ils n'ont pas le même sens.

◆ *solid* peut signifier « plein », « massif ».

– Is that bracelet really gold?
– Yes, **solid** gold.
– And that desk? It's not oak, is it?
– Yes, **solid** oak. And the candlesticks are **solid** brass. Everything here is of the highest quality.
→ – Est-ce que ce bracelet est vraiment en or ?
– Oui, c'est de l'or **massif**.
– Et ce bureau ? Ce n'est pas du chêne ?
– Si, du chêne **massif**. Et les chandeliers sont en cuivre **massif**. Tout ici est de première qualité.

◆ « **solide** », au sens de « résistant », « robuste » se traduit souvent par *strong* ou *sound* pour le cœur/les poumons.

Ce garçon n'est pas très **solide**. Il a toujours eu des problèmes de santé.
→ That boy isn't very **strong**. He has always had health problems.

Les meubles pour les enfants ont besoin d'être très **solides**.
→ Children's furniture needs to be very **strong**.

Solid *ou* strong ?

– This table is very heavy.
– Yes, it's made of ... oak. You need ... arms to lift it.
– I'm glad the castors (= les roulettes) are not made of ... brass.
– No, they are plastic and they're not ..., so they're not ... . Be careful you don't break them.
➥ Corrigé p. 149

---

pièges et difficultés

116 *support* ≠ « *supporter* »

If you take away that beam, the walls will have nothing to **support** them. *Si vous enlevez cette poutre, les murs n'auront rien pour les* **soutenir**.	*Je ne comprends pas comment vous pouvez* **supporter** *ce bruit.* I don't know how you can **stand** that noise.

Ces deux mots se ressemblent, mais ils n'ont pas le même sens.

◆ *support* : « soutenir », « encourager », « aider financièrement », « subvenir aux besoins de », « avoir à charge », « être en faveur de », etc.

> She has to **support** four children and she doesn't earn much.
> → *Elle* **a** *quatre enfants* **à charge** *et elle ne gagne pas beaucoup d'argent.*

> Of course I **support** Peace!
> → *Bien sûr que je* **suis en faveur** *de la Paix!*

> **Support** your school by coming to the concert next Friday!
> → **Encouragez** *votre école en assistant au concert vendredi prochain !*

◆ « **supporter** » : *tolerate, stand, bear, put up with.*

> *À votre place, je ne le* **supporterais** *pas. Je leur dirais de s'en aller.*
> → I wouldn't **put up with** it if I were you. I'd tell them to leave.

> *Elle ne* **supporte** *pas qu'on lui pose des questions sur son enfance.*
> → She **can't bear/stand** being asked questions about her childhood.

> *Je ne* **supporte** *pas la bêtise humaine.*
> → I **can't stand** people's stupidity.

Remarques

Stand et *bear* s'emploient souvent à la négative avec *can't*.

> I **can't bear** Elvis Presley.　　　　　– No, I **can't stand** him either.

Support, stand, bear *ou* tolerate?

They can't … each other. He can't … the way she always interrupts him, and she can't … the way he always complains about her cooking. They only … each other because they are short of money and his mother will only go on … them if they stay together.　　　➡ Corrigé p. 149

117 *sympathetic* ≠ « *sympathique* »

He gave a **sympathetic** smile.	*Il est vraiment **sympathique**.*
*Il eut un sourire **compatissant**.*	He's really **nice**.

Ces deux mots se ressemblent, mais ils n'ont pas le même sens.

◆ *to be sympathetic* : « être compatissant », « compréhensif », « bien disposé envers quelqu'un ». *To have sympathy for someone* : « plaindre quelqu'un ».

He was very **sympathetic** when my father died.
→ *Il a été très **compréhensif** quand mon père est mort.*

You'll find him very **sympathetic** towards you if you tell him you've been ill.
→ *Vous le trouverez **bien disposé** envers vous si vous lui dites que vous avez été malade.*

◆ « **sympathique** » : *nice, likeable, pleasant, friendly.*
« Sympatiser » : *to get on with.*

*Tout le monde la trouve très **sympathique**.*
→ Everybody finds her very **nice**.

*On a mangé tous ensemble. C'était très **sympathique**.*
→ We all had a meal together. It was very **pleasant**.

Remarques

Sympathy veut dire aussi « condoléances ».

We expressed our deepest **sympathy** on the death of his father.
→ *Nous avons exprimé nos sincères **condoléances** à la mort de son père.*

Nice, friendly, likeable, sympathetic *ou* sympathy?

I didn't find her very … when I told her I was out of work. 'Don't expect any … from me. I have my own worries,' she told me. I was surprised because I have always found her very … . In fact everyone thinks she's very … – which is why I thought she'd be more … . ➥ Corrigé p. 149

118 *terrible • terrific*

We had **terrible** weather for the carnival.

We had **terrific** weather for the carnival.

→ *On a eu un temps **affreux** pour le carnaval.*
→ *On a eu un temps **formidable** pour le carnaval.*

Ces deux mots appartiennent à l'anglais familier.

◆ *terrible* : « affreux », « épouvantable ».

Il s'emploie aussi pour insister sur la quantité ou le degré de quelque chose de mauvais.

They spent a **terrible** week in New York.
→ *Ils ont passé une semaine **épouvantable** à New York.*

I've had a **terrible** sore throat for the past week.
→ *J'ai un mal de gorge **affreux** depuis une semaine.*

It's a **terrible** pity you didn't let us know.
→ *C'est **grand** dommage que tu ne nous l'aies pas fait savoir.*

◆ *terrific* : « formidable », « excellent ».

You look **terrific** in that hat.
→ *Ce chapeau te va vraiment bien !*

Terrific s'emploie aussi pour insister sur la quantité ou le degré.

He eats a **terrific** amount of chocolate.
→ *Il consomme des quantités **énormes** de chocolat.*

Terrible *ou* terrific *dans cette conversation ?*

– That film was ..., wasn't it? I enjoyed it very much.
– I thought it was ... . I hated it.
– I thought the moment when he jumped off the cliff (= *falaise*) was ... .
It was so exciting, but the rest of it was ... .
– I preferred his first film. That was really ... .
– Did you think so? I thought it was ... .   ➥ Corrigé p. 149

---

the (1) : the snails • snails

| → *Il sait tout sur **les** escargots.*

◆ Si on parle des êtres ou des choses en général, on ne met pas *the*
a) devant un nom au pluriel ; b) devant un nom indénombrable.

He knows all about **snails**. He's studied them for years.
→ *Il sait tout sur les escargots. Il les étudie depuis des années.*

Advice is always welcome concerning old furniture.
→ *Les conseils sur les vieux meubles sont toujours bienvenus.*

He enjoys **life**. He likes **people** but he likes **solitude** too.
→ *Il aime la vie. Il aime les gens, mais il aime aussi la solitude.*

◆ Si on parle des êtres ou des choses en particulier, on met *the*.

He knows all about **the snails** that are eating his lettuces.
→ *Il sait tout sur les escargots qui mangent ses salades.*

The advice given on **the** old **furniture** we'd bought was confusing.
→ *Les conseils donnés sur les vieux meubles que nous avons achetés n'étaient pas clairs.*

He enjoys **the life** he's leading at the moment. He likes **the people** he's working with, but he likes **the solitude** too when he gets home.
→ *Il aime la vie qu'il mène en ce moment. Il aime les gens avec qui il travaille, mais il aime aussi la solitude en rentrant chez lui.*

Remarques

Il n'y a jamais *the* avant *both* et *most* + nom.

Some like the sea and some like the mountains but most people like **both**.
→ *Les uns aiment la mer et les autres aiment la montagne, mais la plupart des gens aime les deux.*

---

120 *the (2) : the English • English*

> I like **the English** very much.
>
> I like **English** very much.

→ *J'aime beaucoup **les Anglais**.*
→ *J'aime beaucoup **l'anglais**.*

◆ *the English* : un adjectif de nationalité comme *English, Irish, French, Spanish, Chinese…* peut fonctionner comme un nom au pluriel. Il en est de même pour les autres adjectifs. Dans ce cas, *the* est obligatoire.

The French, **the British** and **the Spanish** were not in agreement.
→ *Les Français, les Britanniques et les Espagnols n'étaient pas d'accord.*

The unemployed and **the disabled** are entitled to a reduction.
→ *Les chômeurs et les handicapés ont droit à une réduction.*

◆ *English*, comme tous les noms de langues, n'est pas précédé de *the* et s'écrit avec *E* majuscule.

She speaks **Arabic**, **Dutch** and a little **French**.
→ *Elle parle l'arabe, le néerlandais et un peu de français.*

Les noms des pays, sauf les pluriels, ne prennent pas *the* : *France, Cuba, South Africa,* mais *The United States*.

Mettez the aux endroits où il manque.

In most countries people when they travel on trains offer food even to strangers. In Spain once a woman offered me two oranges. I didn't want to take oranges, though I like oranges, because I knew she was very poor. Politeness obliged me to take one – but not both. ➡ Corrigé p. 150

Traduisez en anglais.

1. Il aime beaucoup les Chinois et il parle bien le chinois.
2. Elle est riche et les riches doivent donner aux pauvres.
3. La publicité suppose que la télévision influe sur le comportement.
➡ Corrigé p. 150

---

121 *used to + infinitif*
• *be/get used to ...-ing*

> I **used to drive** on the right.
>
> I **am getting used to driving** on the left.

→ *Avant je **roulais** à droite.*
→ *Maintenant je **m'habitue à rouler** à gauche.*

Ces deux constructions ont des sens et des emplois tout à fait différents.

◆ *used to* + **infinitif** s'emploie pour parler d'une habitude, d'un état ou d'une situation passés qui n'existent plus. Il n'a pas de forme au présent. (Voir aussi *122*, p. 134).

Ireland **used to be part** of the United Kingdom until 1922.
→ *L'Irlande **faisait partie** du Royaume-Uni jusqu'en 1922.*

◆ *be used to ...-ing* : exprime l'idée de ne pas avoir de difficulté à faire quelque chose parce qu'on en a l'habitude (= « être habitué à »). *Get used to doing something* : « prendre cette habitude », « s'habituer à », « s'y faire ». Ces deux constructions peuvent s'employer avec tous les temps.

– **Are** you **used to living** here now?
– No, but I'**m getting used to** it. I'**ve got used to** the weather but I **am not used to eating** haggis yet.
→ *– Êtes-vous habitué à vivre ici maintenant ?*
– Non, mais je m'y fais. Je me suis habitué au temps, mais je ne suis pas encore habitué à manger de la panse de brebis farcie.

Mettez les verbes entre parenthèses à une forme appropriée :
used to, be used to ...-ing, get used to ...-ing.

Jo ... (hate) living in London. Every morning she ... (get up) and wish that she was back in Ireland. But then she ... (travel) on the underground and she ... (be) among crowds of people. And now she (be) there, she doesn't want to go home. ➥ Corrigé p. 150

---

pièges et difficultés 133

> I **used** to go for walks along by the canal when I was a child.
>
> I **would** go for walks along by the canal when I was a child.

> → *Quand j'étais petite je **me promenais** le long du canal.*

Les deux formes expriment une habitude ou la répétition d'une action dans le passé. Mais ...

◆ *used to* s'emploie pour parler d'un état permanent à une époque donnée ou d'une habitude contractée dans le passé qui n'existent plus aujourd'hui.

> He **used to** smoke but he's given up.
> → ***Avant** il fumait, mais il a arrêté.*

> Steam engines **used to** be a much more common sight.
> → *On voyait beaucoup plus de locomotives à vapeur **autrefois**.*

◆ *would* s'emploie pour exprimer la répétition d'une action dans le passé pendant une durée limitée.

> As I drove along that particular day I **would** stop occasionally.
> → *Comme je roulais ce jour-là, je m'arrêtais de temps en temps.*

> Every time I said "Thank you", the waitress **would** say "You're welcome".
> → *Quand je disais « Merci », la serveuse disait « Je vous en prie ».*

Remarques

Used to n'a pas de forme au présent. L'équivalent au présent pour exprimer une habitude = le présent simple. (Voir aussi *122*, p. 133)

> They (usually) **go** on holiday in July.
> → *D'habitude ils **partent** en vacances en juillet.*

Used to *ou* would/'d?

I ... hate the telephone. I remember how I ... wait for it to ring. And then at last it ... ring and it was always a wrong number. I remember one evening in particular, waiting. I ... get up every half hour and go to the phone and I ... pick it up just to check it was still working. ➥ Corrigé p. 150

We were all very sea-sick on the **voyage** to America.

Pendant le **voyage** *vers les États-Unis nous avions tous le mal de mer.*

Une autre fois nous ferons le **voyage** *en avion.*

Another time we'll do the **journey** by air.

Ces deux mots se ressemblent, mais ils n'ont pas toujours le même sens.

◆ *voyage* signifie toujours « un long voyage en mer ».

> On the **voyage** out to India we made friends with several Indians.
> → *Pendant le* **voyage** *aux Indes nous fîmes la connaissance de plusieurs Indiens.*

◆ « **voyage** » : *journey.* « Voyage + court séjour » : *trip* ;
« voyager » : *to travel.*

> *Le* **voyage** *en train d'Aberdeen à Londres est long et fatigant.*
> → The train **journey** from Aberdeen to London is long and tiring.
>
> *– Est-ce que votre* **voyage** *d'affaires en Russie a été agréable ?*
> *– Oui, sauf pour le voyage lui-même. J'ai dû changer de train quatre fois.*
>
> → – Did you enjoy your business **trip** to Russia?
> – Yes, apart from the **journey**. I had to change trains four times.

Remarques

Travel : « le fait de voyager ». C'est un nom indénombrable. Si on veut parler d'« un voyage » il faut dire *a journey*.

> Air travel/a journey by air is expensive.
> → *Les voyages/un voyage en avion coûtent/coûte cher(s).*

Journey, trip, voyage *ou* travel ?

I always ... first class except for short ... especially if I'm on a business ... . I would never ... second class again, after my experience on that long sea ... to Singapore in 1968 when we were treated so badly. It reminded me of all those train ... we used to make across Europe as students, sitting on our suitcases.
➥ Corrigé p. 150

> **What** colour do you want?
>
> **Which** colour do you want?

| → **Quelle** *couleur choisissez-vous ?*

◆ *what* s'emploie lorsque le choix se fait parmi un nombre illimité et indéfini.

What books have you read recently?
→ *Quels livres as-tu lu récemment ?*

What sort of music do you like?
→ *Quelle sorte de musique aimes-tu ?*

◆ *which* s'emploie lorsque le choix se fait parmi un nombre limité et défini. Il a aussi le sens de « lequel ?/laquelle ? ».

Which film did you go to see, *The Piano* or *Pulp Fiction*?
→ *Quel film es-tu allé voir, La leçon de piano ou Pulp Fiction?*

Which of them did you like best?
→ *Lequel des deux as-tu préféré ?*

Remarques

« Ce qui ... » se traduit par *which* s'il suit la proposition principale, *what* s'il la précède.

She always smokes during the meal – **which** annoys me.
→ *Elle fume toujours pendant le repas – ce qui m'ennuie.*

What annoys me is that she always smokes during the meal.
→ ***Ce qui** m'ennuie c'est qu'elle fume toujours pendant le repas.*

What *ou* which *dans ce quiz ?*

... team won? ... was the result? ... goal was scored by Morris? ... was the score at half-time? ... players were sent off? ... three of the losing team sustained injuries? ... colour were the shorts of the team that won?

➡ Corrigé p. 150

---

wish + prétérit • wish + would

> I **wish** I **knew**.
>
> I **wish** you **would tell** me.

→ *Si seulement je savais.*
→ *Si seulement tu me le disais.*

◆ *wish* + **prétérit** exprime un regret concernant le présent.
On n'envisage pas la possibilité d'un changement.

I **wish** my hair **curled** naturally.
→ *Si seulement j'avais des cheveux qui frisent naturellement.*

Avec le verbe *be*, on a le choix entre deux formes au singulier :
were ou *was*. *Were* est plus formel.

I **wish** I **was/were** at home right now.
→ *Si seulement j'étais chez moi en ce moment.*

She **wishes** Aberdeen **was/were** nearer London.
→ *Elle aimerait qu'Aberdeen soit plus près de Londres.*

◆ *wish* + *would* s'emploie pour exprimer le désir d'un
changement dans le présent et dans le futur. C'est quelquefois
une façon de demander quelque chose à quelqu'un.

I **wish** you **would** have your hair cut. It's far
too long.
→ *J'aimerais que tu te fasses couper les
cheveux. Ils sont bien trop longs.*

> I WISH
> YOU WOULD HAVE
> YOUR HAIR CUT.

Everyone **wishes** they **would** sign the
agreement.
→ *Tout le monde souhaite qu'ils signent l'accord.*

I **wish** you **wouldn't** keep tidying my things
away.
→ *J'aimerais que tu arrêtes de ranger mes
affaires.*

I **wish** the weather **would** improve.
→ *J'aimerais que le temps s'améliore.*

---

pièges et difficultés

wish + would • wish + pluperfect

I **wish** you **would tell** me.

I **wish** you **had told** me.

→ *Si seulement tu me le **disais**.*
→ *Si seulement tu me l'**avais dit**.*

◆ *wish + pluperfect* : exprime un regret concernant le passé.

He **wishes** he **had worked** harder when he was a student.
→ *Il regrette de n'avoir pas travaillé plus dur quand il était étudiant.*

I **wish** I'**d seen** that film when it was on. It sounds good.
→ *J'aurais aimé voir ce film quand il passait. Il a l'air bien.*

Remarques

• On ne peut pas employer *wish* pour parler du futur. Il faut employer *hope* (« espérer ») + présent/futur.

I **hope** they **come** soon. I **hope** they'**ll arrive** before midnight.
→ *Je souhaite qu'ils viennent bientôt. J'aimerais qu'ils viennent avant minuit.*

• *wish someone something* : présenter ses vœux.

We **wish** you a Merry Christmas and a Happy New Year.
→ *Nous vous souhaitons un Joyeux Noël et une Bonne Année.*

• *wish to do something* : l'équivalent formel de *want to do something*.

They **wish** to marry.
→ *Ils désirent se marier.*

Une carte postale. Remplissez les blancs avec les mots qui conviennent.

Wish you … (be) here! Wish you … (can) see me wind-surfing *(= planche à voile)*. Wish you … able to come with me. Wish you … (give up) that job immediately! Wish you … (write). … you are well. … we will meet soon. Love, J ➡ Corrigé p. 150

Corrigés

1. a – an

Mr Banks works as **an** adviser to **a** United Nations team. He has to manage without **a** computer and he only gets paid about £20,000 **a** year but he counts it **an** honour to work for **an** international organisation.

2. a/an – one

There are two ways to make **a** cup of tea. One way is to put loose tea *(= en vrac)* in **a** pot – one teaspoon for each person and **one** for the pot. The other way is to use teabags. **One** tea bag is usually enough to make two cups. But **one** thing you must always remember is to heat the pot before you start.

3. across – through

They watched him **through** the window as he made his way **through** the crowd and then ran **across** the street and disappeared **through** a door.

4. actually – « actuellement »

1. En fait je n'aime pas tellement la musique classique. – **2**. Elle est vraiment au travail actuellement. – **3**. Le prix réel du livre était de soixante francs. – **4**. Their present house is too small. – **5**. The fare is very high at the moment. – **6**. What did you actually visit in Japan?

5. advertisement ≠ « avertissement »

We told them not to believe everything the **advertisement** said about that tent but they ignored our **warning**. The **advertisement** said it was easy to put up but we **warned** them it wasn't. And the **advertisement** said it was big enough for three but we **warned** them there was only room for two. The **advertisement** did contain the **warning**, though, that the tent wasn't completely waterproof.

That was the only part of the **advertisement** that was true.

6. advice – « conseil(s) »

1. If only I'd followed my teacher's advice. – **2**. Follow these two pieces of advice and you can't go wrong. – **3**. A small piece of advice before you start : read the instructions. – **4**. They didn't give us much advice about it. – **5**. Her/ his advice was not appreciated.

7. afraid – frightened

I am **afraid** the parcel will not arrive on time. I asked at the post-office and they said they were **afraid** they couldn't guarantee that it would arrive by/for Wednesday. They were **afraid** it might not arrive before Friday. But they **frightened** me when they told me the price of sending it express delivery.

8. again – still – yet

The plane has been delayed **again**. It is **still** in London. It hasn't taken off **yet**. They're **still** checking the engines. They haven't found out what's wrong **yet**. I don't know if I **still** want to go on it.

9. ago – for/since

Dear Charles,

I haven't heard from you for a long time. How are you? I want to tell you what happened to me a month ago but it would be difficult to explain in a letter. Can we arrange to meet somewhere? At "The Wild Boar", for example? I haven't been there for months ? I hope it's still there!

See you soon, Ben.

P.S. I got a card from Francis a week ago. He's been in Portugal for six months.

10. all – whole – every

It's not possible to see **all of/the whole of** Venice in a few days. To see **all of it/the whole of it** you need at least a month. You could spend **a whole day** in St Mark's Square, for example. We go there **every year** and **every day** we discover some place new.

11. although – though

Although/though it's noisier and **although/though** it's more tiring, I still prefer living in a city to living in the country. Even **though** it also means I don't see a cow from one end of the year to the other. I still prefer to live among people **in spite of/despite** all the disadvantages. I like the country, **though**.

12. always – still

1. It **always** rains on Sunday. It never seems to rain on any other days. – **2.** He is **still** waiting. He has been standing there for the last hour. – **3.** I **still** think you should have asked them in spite of what you say. – **4.** Why does he **always** phone while I'm eating? – **5.** The temperature is **still** rising. It will soon be in the 80's(F). – **6.** In the 18th century ancient France was **still** a monarchy.

13. ancient – « ancien »

The **former** director of the Rossetti Institute phoned me the other day to say she's writing a book about **old** churches. She wanted the phone number of a **former** colleague whom she thought knows a lot about them. But I think he specialises in Greek architecture – **ancient** ruins – that sort of thing. I told her to contact the **former** headteacher of her local school who's an authority on the subject.

14. any – some

I took hardly **any** photos when I was on holiday. One day there were **some** buildings I wanted to take **some** pictures of but I hadn't **any** film in the camera and I was without **any** money to buy **any/some**. And then the camera was stolen.

15. as – like

1. She speaks just **like** a Frenchwoman, though she's Armenian. – **2.** I speak as a qualified engineer so I know what I am talking about. – **3.** **As** a barmaid she used to drink like a fish. – **4.** I give this recipe **as** an example of what can be done with left-overs.

16. as far as – as long as

I don't mind going sailing/going in a boat **as long as** the boat doesn't go up and down but **as far as** I know there isn't a sailing boat that doesn't.

17. as far as – until – up to

We took a plane on the Monday **as far as** London and then we got a train which took us **as far as** Fort William. Then we took another train **as far as** Mallaig and there we took a boat. We didn't get to Skye **until/till** 4 o'clock on the Tuesday. **Up to** then I had never been in such wild places.

18. at – in

The train from Edinburgh to London stopped **at** Newcastle, **at** York and **at** Doncaster and **at** several places in between. I've a friend who is **at** university **in** York so I nearly got out there.

19. balance – « balancer »

1. C'est une personne très équilibrée. – **2.** Il faisait de son mieux pour maintenir son équilibre. – **3.** Nous devons faire attention à ne pas détruire l'équilibre des pouvoirs. – **4.** The wheels need balancing. – **5.** He lost his balance coming down the slope. – **6.** She threw the book out of the window.

20. bath – bathe

The sea wasn't warm enough to **bathe** in. She spent the day **sunbathing** instead. Then she went home and **had a bath** and then she **bathed** the dog which was covered in sand. After that she **bathed** her eyes which were sore from so much sun.

21. be to – have to

Gloria Pink, the famous tightrope walker, **is to** arrive today in Brigley. Her plane **is due to** land at 5 p.m. She will be welcomed by the mayor, Mr Rick, who **is to** drive her directly to the theatre where she is (due) to appear on the stage at 9 p.m. Mr Rick doesn't like this sort of show but, as the mayor, he **has to** attend.

22. before – by

– We must finish eating **by** 9 p.m. because **by** 9.10 I want to be installed in front of the telly. – That's not a problem because it's now 8 and **by the time** I've finished preparing the meal it will be 8.30. **By that time** we'll be so hungry we'll eat very quickly.

23. beside – close to – in front of – opposite

They were sitting **opposite** each other in the railway compartment. **In front of** each of them, giving them no room to move their legs, was a suitcase and on the seat **beside** the woman was a large bag. As they got **close to** the frontier they began to get ready to leave the train.

24. better – rather

Jo: I know you **would rather** not work in a chicken factory. I know you **would rather** work outside. But I think that you **had better** apply for the job. And you **had better not** tell them you're a vegetarian. You might not get the job if you did.

25. bore – bother – annoy

He's always saying this town is very **boring**. There is nothing to do here. It **annoys/irritates** me to listen to him. In fact I get quite angry. It doesn't seem to **bother** him that his attitude offends the local people. Personally I'm never **bored** here. I'm always busy.

26. bring – take

Whenever I go back to France I **take** them smoked salmon and I always **bring** you back a Camembert. What do you think I should **take** them for a change? And what would you like me to **bring** you back – for a change?

27. can – could

– I **can** see a piano in the other room. **Can** you play? – Yes, but I don't play any more. I was finally **able to/**I finally **managed to** sell it yesterday but we **couldn't** get it out. We **couldn't** even lift it.

28. can – may

– **Can (may/could)** I speak to Madeleine, please? – **May (can/could)** I ask your name? – It's André here. – I'm Madeleine's father. She isn't here. – **Could (can/may)** I leave a message? Will you tell her that she **can** come to my house/home as soon as she wants? – **Could (can)** you give me your name again, please?

29. can't (have) – must (have)

Why did she fail her driving test? She **can't have** signalled properly. She **must have** forgotten to look in her mirror. Or she **must have** stayed in second gear. Anyway she **can't have** driven well enough. But she **must** be disappointned now.

30. chance – « chance »

Betty has always been very **lucky**. She bought a lottery ticket by **chance** last week and won £1m. I never have anything but bad **luck** but **luckily** I'm married to Betty.

31. cloth – clothes

I've packed all my **clothes**. I've even remembered two face **cloths**. And I've put in some tweed **cloth** because I want to make something while I'm away.

32. control – « contrôler »

You know the switch that **controls** the central heating? Well, someone had switched it off by mistake. So when I got home last night the house was freezing! I **checked** the thermostat to see if it was working because that is what **controls** the temperature and I thought maybe it was turned too low. Then I **checked** the timer. The timer **controls** the times the heating goes on and off. But that was working O.K. So I called the gas company and they sent a man and the first thing he did was to **check** the switch. The second thing he did was to ask for £40.

33. could – may – might

He **couldn't** be a policeman because he's not tall enough. But he **could/may/might** be a journalist because he is always writing things down in a notebook. Yesterday he **couldn't have** been asking you all those questions for nothing. Maybe he wants to write something about London in the 60's. You **could/may/might** find yourself the subject of an article in a national newspaper. But I **could/may/ might** be wrong of course.

34. could – should

O: The weather **should** be fine tomorrow – P: I don't know. It **could** rain. – O: Yes, but is **should** be all right in the morning. – P: Well, it **could** be quite cold and windy. – O: But the weather forecast said it **should** be warm. – P: Yes, but the weather forecast **could** be wrong.

35. daren't – don't dare

I **daren't/don't dare (to)** phone him now. It's too late. I **daren't/don't dare (to)** run the risk of getting him out of bed. In any case, I **dare** say he's forgotten me.

36 dead – die

Yeats **was born** in Ireland in 1865 but **died** in France in 1939. He **had been** **dead** for nine years before his body was finally brought back to Ireland.

37. deceive – « décevoir »

– The election results were a great **disappointment**. I expected us to win. – Well, the government were dishonest. They **deceived** us. They didn't tell us the truth. So it's not surprising that the results were **disappointing**. – You're right, I suppose. They shouldn't have **deceived** us by telling us they were going to lower taxes.

38. delay – « délai »

The post has been **delayed**. I don't know what the reason for the **delay** is but I am not going to be able to send back this camera **within the time allowed**. If it doesn't reach Photak **within** a week they won't give me a refund/my money back.

39. do : I do like – I like

You are wrong about Jo. She **did feed** the cat, she **did switch** all the lights off, she **did turn down** the central heating, she **did lock** all the doors and she **did leave** the keys with the neighbours. I **do think** you should make sure of your facts before you start accusing people.

40. do – make

Yesterday I **did** the housework and I also **made** a cake and **did** the gardening. In fact I **did** so much work that by 6 o'clock I was exhausted. The big mistake I **made** then was to phone my friend Jim who's just finished **making** his own boat. He invited me to go for a sail with him. I'd never **done** any sailing before and I won't **do** any again.

41. during – for – while

Breakfast: Put some bacon in a frying pan and cook it **for** five minutes. **While** it is cooking, break an egg into a cup ready to add to the bacon. **During** this time also you can make toast and tea and, **while** I think about it, don't forget the marmalade. **During** the meal, **while** you're eating your bacon and eggs, you can listen to the news on the radio but don't listen **for** too long or you'll be late for work.

42. each – every
Now I want **each** of you to fill in these forms. Use a separate form for **each** employer if you have more than one. **Each/Every** form must have at the top your name, address and insurance number.

43. each other – themselves
At first you think they're singing to **each other** because they're looking at **each other**. But then you realise they're singing to **themselves**. Of course they're really singing to us. Opera is funny. *(= D'abord on pense qu'ils chantent l'un pour l'autre parce qu'ils se regardent. Puis on réalise qu'ils chantent pour eux-mêmes. Bien sûr, en fait, ils chantent pour nous. C'est drôle l'opéra.)*

44. earn – win
They **gained** time by not stopping to eat anything and **reached** the summit of the mountain by midday where they felt they had **earned** a good rest. They did not **win** the race though. Two Hungarians were already installed there.

45. economic – economical
Was it the Minister for **Economic** Affairs who told old people that the most **economical** way to keep warm was to knit themselves woolly hats?

46. either – neither
The government could have had **either** a referendum or an election. In the end they had **neither**. They didn't ask parliament **either**. They consulted **neither** the people **nor** their elected representatives.

47. at the end – in the end
At the beginning of the book she meets this doctor and **in** the beginning she

doesn't like him because she thinks he's cold. But then she discovers he is very warm so **in** the end she falls in love with him and **at** the end of the book they get married.

48. enough money – rich enough
If I have **enough time** this summer and if I'm **rich enough**, I'm going to take/have flying lessons. It will be **easy enough** to arrange/organise because I live near an airfield. And if I have a **good enough** instructor I will have my pilot's licence in a year.

49. eventually – « éventuellement »
1. Pensez-vous qu'elle **finira par** se présenter aux élections? – **2.** Qu'est-ce que vous pensez faire **finalement** quand vous quitterez l'université ? – **3.** Je me demande ce que sera l'issue **finale** des négociations. – **4.** Le but **final** de la compagnie est de réduire le nombre d'employées. – **5.** They will *possibly* come in June. – **6.** If you *happen to* change your mind, phone me. – **7.** We must think of the *possible* corrosion of the gutter – **8.** Any profits *that there may be* will be shared among the participants.

50. expect – wait
She's **waiting** to hear from Jim with his address before she can write to him. She **expected** he would write as soon as he got to Sicily. So she **waited for** the post this morning before leaving. But no letter arrived. She's hoping she doesn't have to **wait** too long.

51. few – a few – little – a little
All you need, to learn a foreign language, are a **few** books, a **few** tapes, a **little** time, a **little** effort and a **little** patience. In this way you will make a **little** progress each week. A **few** people will succeed if they do **little** work and make **little** effort but they are the lucky ones.

52. finally – lastly – at last

Now that you have all **at last/finally** arrived I want to tell you firstly about sleeping arrangements, then about the programme for the week and **finally/lastly** about food. And when '**at last**' she has finished talking', I can hear you say, we can all go and eat.

53. for – since

– I've been here **for** ages. – I've been here **since** ten o'clock. – I've been here **for** at least two hours. I've been here **since** eight o'clock. I've been here **since** breakfast time actually. – Well, I've been queuing **since** daybreak.

54. furniture ≠ « meuble(s) »

– Do you have much **furniture** in the shop at the moment? – Not very much really. A lot was sold over Christmas. We have a few **nice pieces** that are in the sale – a dining room table and a Victorian armchair. – No, I am looking for **furniture** for a bedroom. But how much is the Victorian armchair?

55. futur (1): going to – présent progressif

Jo **is leaving for** New York tomorrow. She says she'**s going to** hire a car and she'**s going to** drive to Niagara but she'**s coming back** at the end of the week so I don't think she'll have time.

56. futur (2): présent simple – présent progressif

– What **are you doing** tomorrow? – We'**re going** to Edinburgh. The train there **leaves** at nine in the morning and the train back **leaves** at six.

57. futur (3): will – présent progressif

Jo **is going** hill-walking in Scotland this summer and Jim **will go** with her if he's free. Otherwise she **will go** with two friends who **are renting** a cottage near Loch Ness. But she'd prefer to go with Jim. "I **will** phone you as soon as I know if I can come", Jim promised.

58. futur (4): shall – will

1. You shall make a cup of coffee. *(ordre formel)* – **2.** Shall we have a cup of coffee? *(suggestion)* – **3.** Will you have a cup of coffee? *(invitation)* – **4.** Shall I make a cup of coffee? *(offre)* – **5.** Will you make a cup of coffee? *(demande)* – **6.** You shall have a cup of coffee. *(promesse formelle)*.

59. futur (5): futur simple – futur progressif

It will **be raining** when we arrive almost certainly. Will you **be bringing** an umbrella with you? Have you decided yet? If so, I won't **bring** mine. And will you **bring** a camera, please? I'll **be bringing** my computer so my bag will be full.

60. get someone to do something – make someone do something

Get him to tell you what happened to him in the supermarket. **It will make you laugh.** And if he doesn't want to tell you, **make him tell you** by refusing to write his C.V. for him if he doesn't.

61. hair – a hair

My **hair**'s a mess. I must go to the hairdresser's to have **it** cut. Or maybe I'll have **it** shaved off. Or else I'll let **it** grow. What do you think, Jo? Your **hair** always **looks** so nice.

62. hard – hardly

He has always had to work **hard**. As a boy he had to work **hard** on his father's farm. And later he tried **hard** to get an easy job but without any luck. But his brother, with **hardly** any effort, managed to get a job as a consultant and did **hardly** any work all his life.

63. have – have got

I **haven't got** a car so I'**ve got** to walk, which means I **haven't got** time to eat as I'**ve got** to be there by seven. So I'**ve got** to make myself a sandwich and eat it on the way.

64. have something done – make someone do something

Jim **had** his sitting room **re-painted** last year. He wanted to **have** the ceiling **painted** grey and the walls **painted** dark green. But the painter made a mistake with the colours and also he left (made) paint stains on the carpet. So Jim **made** him **re-paint** the whole room and he **made** him **clean** the carpet.

65. here – there – this – that

– Is Jim **there**? **This** is his mother speaking. Is **that** Mary? – No, **this** is Jane. I'm sorry, Jim isn't **here** at the moment. He'll be back in an hour. At least **that** is what he said and **this/that** is what is written on **this** message that he's left **here** on **this** note pad.

66. home – house

1. When are you coming home this evening? – **2.** He bought some bread on his way to his friend's (house) – **3.** She will go home at the end of the week. – **4.** They are going to his house this evening. – **5.** I feel at home in this house.

67. if – whether

I asked him **if/whether** he agreed that the European Union was a good thing and **whether** or not he was going to vote and he said he didn't care **if/whether** Britain stayed in the E.U. **or not**.

68. ignore ≠ « ignorer »

– She didn't **know** this information when she wrote the letter. That is to say, she didn't **know** the name of the person responsible, she didn't **know** the work he had to do and she didn't **know** where to send the certificates. – She didn't **know** anything, in fact. I don't think we can **ignore** this.

69. important ≠ « important »

2. This is not a **big** job but it is essential. – **3**. Killybegs is not a **big** town but it is Ireland's biggest fishing port. – **5** £5 a month was not a **big** increase in taxes but everyone protested.

70. in – within

Within a day of taking the medicine you should begin to feel better. **Within** two days of taking it your sore throat should have gone and **in/within** five days you should feel completely better. If you still feel ill come back and see me **in a week's time**.

71. infinitif – -ing

If you see the light **flash** and if you hear a bell **ring** just once, don't worry. But if you see the light **flashing** and you hear the bell **ringing** continuously, you'd better do something urgently.

72. to – infinitif – -ing

She wouldn't stop **talking**. She told us all about how much she regretted **leaving** school at the age of 16. Then she went on **to talk (talking)** about her first job, how she remembered **having to** get up at 4, how she would never forget **having to** work all day with only one short break. We tried our best **to interrupt** her. We even tried **putting** our coats on, but she just went on **talking**.

73. information – « renseignement(s) »

1. Can you give me some information about this geranium? – **2**. She gave me two useful pieces of information that I noted down. – **3.** They could have sent us this information sooner. – Some of the information was very confusing.

74. interested – interesting

– Mum, I'm **bored**. I can't find anything **interesting** to do. – Draw me a lion then. – Lions are **boring**. I'm not **interested** in drawing a lion. – Well, if you are **bored** by lions, if you are not **interested** in them, I won't take you to the zoo tomorrow.

75. interesting ≠ « intéressant »

– It's much more attractive financially to work abroad than to work in your own country. You earn a lot more.

– Yes. And also there are other advantages: sometimes you're given a car and usually you don't pay rent. And to go back to France there are cheap fares.
– And then you can buy things cheap/at attractive prices.
– Also you can visit interesting historical sights…

76. lack – miss
They **lack** a proper/real policy on rail transport. They want to abolish the line that goes to the coast, but the island people (the people from the islands) would seriously **miss** it. The former minister of transport was better. We all **miss** him.

77 large ≠ « large »
The sitting room in the new house isn't very **wide**. In fact it's quite narrow, but it's long and it has a high ceiling so it seems **large**. And the kitchen is **large** too, and it's a convenient shape. It's as **wide** as it's long. It's square-shaped in fact.

78. the last – the latest
For **the last ten years** of his life, Hall lived in Japan and there he wrote **his last book**. It is the subject of **Macho's latest film**. It came out **last month** and is set in Wales – a change from **his last film** made in Mexico.

79. learn – teach
Nobody ever **taught** her how to cook except for her mother who **taught** her how to make white sauce. Otherwise she **learnt** just by doing it. But I think someone should **teach** her to wash up afterwards. That is something she has never **learnt** how to do.

80. leave – let
She has **left** home. Her parents would never have **let** her go. But she **left** early one morning. She just **left** a note for them on the kitchen table.

81. library ≠ « librairie »
– I'm a **librarian**. I work in a **library** in Burnley, in the reference section.

Libraries are great in Britain. There are lots of them and they're absolutely free – as long as you bring the books back on time! – Well I own a small **bookshop** in Dingley which specialises in selling books on cooking. But I don't want to go on being a **bookseller** much longer. I want to start writing my own books – but not on cooking.

82. like – would like
We **would like to** inform you that your chair is now ready. If you **would like us to** deliver it please let us know. We hope **you will like it.**

83. longer – more
They don't look after the garden **any longer/more**. They **no longer** cut the grass, they **no longer** weed the flower beds, they don't plant bulbs **any longer/more** as they used to in the autumn. They don't prune the roses **any longer/more** in the springtime. The strangest thing of all is that they **no longer** sit in the garden in the summer evenings.

84. look – look like
What does your boyfriend **look like**? He **looks** great. He **looks like** he ought to be a film star. He **looks like** Kevin Costner.

85. luggage – « bagage(s) »
Did I tell you? All my **luggage** was lost on my way to Egypt. Most of it was sent to Thailand. I got **one piece** back after a week. But I didn't get the other **two pieces** back until the eve of my departure.

86. many – much
I haven't **much/a lot** of time and I've **too much** work. I have **a lot of** letters to write. Are there **many/a lot of** messages for me on the answer machine? Really I am too busy!

87. must – have to
Jo is Irish so she **has to** have a visa to enter the U.S.A. and this means, as she lives in Britain, she **has to** go to the

American Embassy in London. But first she **has to** make an appointment and she **must** remember to do that today or it will be too late.

88. must – should – should have

I told you, you **must/should** have a licence. The law says that if you have a TV you **must** have a licence. You **should have** listened to me. Now you **must** pay a fine and it serves you right.

89. mustn't – don't have to

You **don't have to** add onions but I think it's better if you do. You **mustn't** add too much salt – it will spoil the flavour. You **don't have to** fry the vegetables first but I always do. You **mustn't** add any meat if your guests are vegetarian.

90. needn't – don't need

You want to lose weight? It's simple. You **needn't have** bought that large book entitled: "What You **Need To Do** To Lose Weight". All you **need to do** is to eat less. But you **don't need to/needn't** starve. Your scales are wrong, by the way. They **need** adjusting.

91. news – « nouvelle(s) »

1. What good news!. – **2**. We've had very little news for months. – **3**. The news from the factory is worrying. – **4**. I'm going to give you a piece of news that's going to surprise you. – **5**. What's the latest news regarding her departure?

92. pass ≠ « passer »

I've **taken/sat** a lot of exams in my life but I've only managed to **pass** one of them and that was an exam I **took/sat** in order to become a guide, showing British tourists round Paris. I lost my way on the Metro three times so I was surprised that I **passed**. But maybe it was because I was the only candidate who spoke English.

93. person – people

At the customs they were checking **everybody's/people's** passports.

In front there were two **people** in shorts and a third **person** in red trousers who were arguing with the customs officers. **People** were beginning to get impatient.

95. get on – get over – get round to

Dear Jo,
How are you **getting on** in your new job? Why haven't you **got round to** writing to me? I am dying to know how you are **getting on** with the people you're working with. Write soon,
love, Liz
P.S. I hope you've **got over** the trauma of leaving Ireland.

96. look at/after/for/forward to/into/through/up/up to

Dear Madam,
We are **looking for** a research assistant in our Fleming Laboratory and are writing to enquire if you would be interested in applying for the post. We **looked up** in our files the application which you sent us last year. **Looking at/through** it we notice that, as part of your research while at university, you **looked at/into** the question of mammals in captivity. In fact we understand from your application that, while working subsequently at Finsbury Nature Park, you **looked after** several baboons born in captivity. We note also that, while at university, you were a student of Professor Wilde, somebody whom we at this Institute have always **looked up to** as a zoologist who enjoys a world wide reputation.
We **look forward** to receiving your reply.

97. make/for/out/up

I can't **make it out**. She **made herself up** – which is not normal for her – and then she went out. I saw her **making for** town. I was just able to **make out** her yellow car disappearing down the street in the traffic. She told me she was going to spend the week-end with her parents to **make up for** not having seen them at Christmas. But I think she was **making up** a story because her mother rang up on Sunday asking to speak to her. When she got back Sunday evening she **made out** that her mother is a little mad and does strange things like that. I can't **make it out**.

98. put across/forward/off / out/up/up with

Can you **put me up** for the night? Can you **put up with me**? Or are you **put off** by all these rings in my nose? Can I **put forward** a suggestion? Maybe it will **put you out** less if I sleep on the sofa downstairs. You know I **put off** leaving for Cornwall in order to come and see you. I've been trying to **put across** to you my philosophy of life. But it doesn't look as if I've succeeded.

99. present perfect – prétérit (1)

I **have spent** the last six months in Italy. I **was** in Padua for two months and then I **was** in Ravenna for one month and I **have been** in Rome for three months now.

100. present perfect – prétérit (2)

Have you read Robinson Crusoe? I **started** reading it a few days ago and I **have almost finished** it now. I **have often thought** that it would be exciting to live on a desert island. I **have never been** on a boat by myself but last year I **spent** three days by myself in the mountains.

101. present perfect – prétérit (3)

I **have bought** a new computer and I **have sold** my old one. I **offered** it to a friend but he refused it. So I **put** an ad in the paper and yesterday this man **came** along and **bought** it from me for £100. I **put** the money in the bank straight away.

102. present perfect progressif – present perfect simple

They've been visiting Edinburgh all day. **They've been walking** without a stop. What **have they seen**? **They've seen** the castle, the museum and the place where Rizzio, Marie Stuart's Italian lover, was assassinated in 1566.

103. présent simple – présent progressif

Too few people **use** public transport when they go to work. Too many people **take** their cars every day. They **feel** more important when they **are sitting** behind a steering wheel. But the car **is rapidly destroying** our environment because it **is polluting/ pollutes** the atmosphere.

104. pretend ≠ « prétendre »

He **claims** somebody stole his computer. He **claims** that he left it on his desk while he went out to do his shopping and that it wasn't there when he got back though he **claims** he locked the door. But I think he's lying. He's only **pretending** to be very upset about it. He's a very good actor, you know.

105. prétérit – pluperfect

They **had** just **eaten** when we **arrived**. We **had thought** they would wait for us, but they **had started** eating at eight. They **assumed/ supposed** we'd eaten already so they **didn't** offer us anything.

106. raise – rise

A problem **arose** at the meeting regarding the school fair which was being planned to **raise** money for the school. Mrs Goodfellow **rose** to her feet to **raise** the question of whether an entrance fee should be charged. She was against it. Mr Wellfare was strongly in favour. His voice **rose** as he argued his case.

107. remark ≠ « remarquer »

– Have you ever **noticed** how she always disappears when there is washing up to be done? I **remarked** to her once that she should help more and she flew into a rage. – You shouldn't have **remarked** on it. I hadn't actually **noticed** her being lazy. But I had **noticed** that she was bad-tempered.

108. remember – remind
I'll have to **remind** her that it's her wedding anniversary next week. She never **remembers**. He always **remembers** though, and this year he's bought two tickets for *Porgy and Bess*. I **remember** seeing that when I was a student. She's fixed up to go to the gym that evening. That's why I'll have to **remind** her. That **reminds** me – did you **remember** to record that programme?

109. rob – steal
I've been **robbed**! Who's **stolen** my pen **from** me? It was here a minute ago. I've been **robbed of** my pen. People are always **stealing** my pen.

110. say – tell
What did the psychiatrist **say** to the patient who thought he was a pair of curtains? He **told** him to pull himself together.

111. sensible ≠ « sensible »
She is very **sensitive** to the needs of others. But she's also the only **sensible** one in that family. It is she who made the **sensible** decision to move into a smaller house when they lost all their money. The only thing is I wish she didn't always wear those extremely **sensible** suits and shoes. But she's so **sensitive**. You can't really say to her: 'Ethel, stop being so **sensible**. Do something crazy. Go out and buy yourself a red velvet suit.'

112. should – would
Jo: You **should** take more exercise. You **should** go for a walk with me. – Jim: I know I **should**, and I **would** if I had the time. **Would** you help me to clean my house and then maybe I **would** have time to come for a walk?

113. singulier – pluriel
The media says/say that the public supports/support the present economic policy of the goverment who wants/want to control inflation by limiting its/their spending power.

114. so – such
It was **such** a nice surprise to see you yesterday. It was **such** a long time since we had met and you were looking **so** well. I'm **so** glad you decided to call to see me and to stay **such** a long time. It was **such** fun talking about old times.

115. solid ≠ « solide »
– This table is very heavy. – Yes, it's made of **solid** oak. You need **strong** arms to lift it. – I'm glad the castors are not made of **solid** brass. – No, they are plastic and they're not **solid**, so they're not **strong**. Be careful you don't break them.

116. support ≠ « supporter »
They can't **stand/bear** each other. He can't **stand/bear** the way she always interrupts him, and she can't **stand/bear** the way he always complains about her cooking. They only **tolerate** each other because they are short of money and his mother will only go on **supporting** them if they stay together.

117. sympathetic ≠ « sympathique »
I didn't find her very **sympathetic** when I told her I was out of work. 'Don't expect any **sympathy** from me. I have my own worries', she told me. I was surprised because I have always found her very **nice/friendly/likeable**. In fact everyone thinks she's very **nice/friendly/likeable** – which is why I thought she'd be more **sympathetic**.

118. terrible – terrific
– That film was **terrific** wasn't it? I enjoyed it very much. – I thought it was **terrible**. I hated it. – I thought the moment when he jumped off the cliff

was **terrrific**. It was so exciting, but the rest of it was **terrible**. – I preferred his first film. That was really **terrific**. – Did you think so? I thought it was **terrible**.

119. the (1) : the snails – snails
In most countries people when they travel on trains offer food even to strangers. In Spain once a woman offered me two oranges. I didn't want to take **the** oranges, though I like oranges, because I knew she was very poor. Politeness obliged me to take one – but not both.

120. the (2) : the English – English
1. He likes the Chinese very much and he speaks Chinese well. – **2.** She is a rich woman and the rich should give to the poor. – **3.** Advertising assumes that television influences behaviour.

121. used to +infinitif – be/get used to …-ing
Jo **used to hate** living in London. Every morning **she used to get up** and wish that she was back in Ireland. But then she **got used to travelling** on the underground and she **got used to being** among crowds of people. And now she**'s used to being** there/she doesn't want to go home.

122. used to – would
I **used to** hate the telephone. I remember how I **used to/would/I'd** wait for it to ring. And then at last it **used to/would** ring and it was always a wrong number. I remember one evening in particular, waiting. I **would/I'd** get up every half hour and go to the phone and I **would/I'd** pick it up just to check it was still working.

123. voyage – « voyage »
I always **travel** first class except for short **journeys** especially if I'm on a business **trip**. I would never **travel** second class again, after my experience on that long sea **voyage** to Singapore in 1968 when we were treated so badly. It reminded me of all those train **journeys** we used to make across Europe as students, sitting on our suitcases.

124. what – which
Which team won? **What** was the result? **Which** goal was scored by Morris? **What** was the score at half-time? **Which** players were sent off? **Which** three of the losing team sustained injuries? **What** colour were the shorts of the team that won?

125-126. wish + would/+ prétérit / + pluperfect
Wish you **were** here! Wish you **could** see me wind-surfing. Wish you **had been** able to come with me. Wish you **would** give up that job immediately! Wish you **would** write. **Hope** you are well. **Hope** we will meet soon. Love, J

Index

Les chiffres renvoient aux numéros des entrées

A

a
- *a* et *an* 1
- *a/an* et *one* 2
à côté de 23
a lot of, *many* et *much* 86
à peine 62
à travers 3
across et *through* 3
actually (faux-ami) 4
actual et « actuel » 4
actuellement (faux-ami) 4
ADJECTIFS
- adjectifs comme noms au pluriel....120
- adjectifs de nationalité 120
- adjectifs : *interested* et *interesting*, *bored*
   et *boring*, etc. 74
advertisement 5
advice (indénombrable) 6
affreux 118
afraid
- *afraid* et *frightened* 7
- *afraid* et « regretter/craindre » 7
again, *still* et *yet* 8
ago, *for* et *since* 9
aimer
- aimer = *wish* 122
- aimer/vouloir 82
all, *whole* et *every* 10
allowed 89
although et *though* 11
always
- *always* + present perfect/prétérit.....100
- *always* et *still* 12
amused et *amusing* 74
ancient (faux-ami) 13
ancien (faux-ami) 13
annoy 25

another 1
- *another* (= encore) 8
any
- *any* et *some* 14
- *anybody*, *anyone*, *anything* – dans
   les questions/négations....................14
- avec *hardly* ou *scarcely* 14, 62
apporter...26
apprendre à 79
arise 106
arrêter de/pour 72
article défini.............................119, 120
as et *like* 15
as far as
- *as far as* et *as long as* 16
- *as far as*, *until* et *up to* 17
as if..11
as though 11
assez (de) 48
at
- *at* et *in* 22
- *at the end* et *in the end* 52
- *at last* 52
attendre (avec impatience)..................96
autant de 86
avant..22
avertissement = *warning*.....................5

B

bagage(s) (indénombrable) 85
baigner/se baigner 20
balance (faux-ami) 19
balancer (faux-ami) 19
bath et *bathe* 20
bathe..20
be
- *be better*...24

– *be born* 36
– *be used to doing something* 121
– *be to* et *have to* 21
bear 116
beaucoup de 86
before et *by* 22
beginning : *in the/at the* 47
beside, *close to* et *next to* 23
better
– *better* et *rather* 24
– *had better* 24
– *it is better* 24
bibliothèque 81
big 69
bore, *bother* et *annoy* 25
bored et boring 74
born 36
borrow 81
both (pas d'article) 119
bother, *bore* et *annoy* 25
bring et *take* 26
by
– *by the time* 25
– *by* et *before* 22

conditionnel : *would* et *should* 112
conseil(s) (indénombrable) 6
control (faux-ami) 32
contrôler (faux-ami) 32
could
– *could* (permission) 28
– *could*, *may* et *might* (probabilité) 33
– *could* et *should* (probabilité) 34
– *could* et *can* (capacité/possibilité
   physique) 27
couldn't/couldn't have (impossibilité) 33
craindre + subjonctif............................7

C

can
– *can* et *could* (capacité/possibilité
physique)..31
– *can* et *may* (permission) 28
– *can't (have)* et *must (have)* 29
capacité/possibilité physique
   (savoir/pouvoir) 27
ce 65
ce qui 124
cela 65
ceux-là...65
chance (faux-ami) 30
chance (faux-ami).............................30
chaque/chacun(e) 42
check (vérifier)......................................32
chercher..96
chez 66
claim 104
close to
– *close to* et *beside* 23
– *close to* et *near* 23
cloth et *clothes*......................................31
clothes (nom pluriel) 31, 93
come et *go* 26
comme..15

D

dans
– dans = *in/within* 70
– dans = *at/in* 18
dare et *daren't*.......................................35
daren't...35
dead et *die*..36
deceive (faux-ami) 37
déception, déçu 37
décevoir (faux-ami) 37
décourager..98
déduction (devoir/pouvoir).................29
delay (faux-ami) 38
délai (faux-ami) 38
depuis
– depuis + present perfect 99
– depuis + pluperfect 105
– depuis = *for/since* 9, 53
dernier = *last/latest* 78
despite et *in spite of* 11
devant et *in front of/opposite*.................23
devoir
– devoir (déduction) 29
– devoir (conseil) 112
– devoir (obligation) 87
– devoir (probabilité) 34
– devoir : *be to/have to/due to*.................21
die et *dead* 36
dire 110
disappoint..37
do
– *do* et *make*..40
– *do the cooking/the cleaning, etc.* 40
– insistance/confirmation/
   contradiction....................................39
due to..21
dur, durement 62
during, *for* et *while*..............................41

E

each et *every* 42
each other et *themselves* 43
earn et *win* 44
economic et *economical* 45
economical 45
either et *neither* 46
en face de 23
en tant que 15
encore
– encore (toujours) 12
– encore = *again/still/yet* 8
– encore = *another/more* 8
– encore = *even* 8
– encore un(e) = *another* 1
end : *in the/at the* 47
enfin 52
ennuyer 25
enough money et *rich enough* 48
entier 10
espérer 126
essayer : *try to*-infinitif, *try ...-ing* 72
être mort..36
even
– *even* (encore) 8
– *even* + comparatif 8
– *even though* 11
eventual et « éventuel » 49
eventually (faux-ami) 49
éventuellement (faux-ami) 49
ever + present perfect 100
every
– *every*, *all* et *whole* 10
– *every* et *each* 42
– *every* et *everyone* 42
excited et *exciting* 74
expect et *wait*..................................50

F

faire
– faire et *do/make* 40
– faire attention, faire des pas, etc. 40
– faire faire (obliger/convaincre) 60
– faire faire (*have something done/
  make someone do something*) 64
– faire attendre, faire venir, etc. 64
– faire semblant 104
FAUX AMIS
actually et « actuellement » 4 ;
advertisement et « avertissement » 5 ;
ancient et « ancien » 13 ; *balance* et
« balancer » 19 ; *chance* et « chance » 30 ;
control et « contrôler » 32 ; *ignore* et
« ignorer » 68 ; *important* et « important »
69 ; *interesting* et « intéressant » 75 ; *large*
et « large » 77 ; *library* et « librairie » 81 ;
pass et « passer » 92 ; *pretend* et
« prétendre » 104 ; *remark* et
« remarquer » 107 ; *sensible* et « sensible »
111 ; *solid* et « solide » 115 ; *support* et
« supporter » 116 ; *sympathetic* et
« sympathique » 117 ; *voyage* et
« voyage » 123
feel
– *feel* (avec *can*) 27
– *feel* + infinitif ou *feel...-ing* 71
– *feel* (sans forme progressive).............103
few, *a few*, *little* et *a little* 51
finalement 52
finally, *lastly* et *at last* 52
for
– *for* + present perfect/prétérit.............99
– *for* et *since* 53
– *for*, *ago* et *since* 9
– *for*, *during* et *while* 41
– *for/since* + pluperfect 105
forbidden..89
forget to-infinitif ou *forget...-ing* 72
frightened et *afraid* 7
furniture (indénombrable)..................54
futur
– futur simple/futur progressif 59
– *going to*/présent progressif 55
– présent simple/présent progressif 56
– *shall/will* 58
– *will*/présent progressif......................57

G

gagner = *earn/gain/reach/win*................44
gain et *earn/reach/win*...........................44
get
– *get* (le blue-jean de la langue
  anglaise) 60
– *get someone to do something/got something
  done* 60
– *get on/over/round to*............................95
– *get used to doing something*................121
go et *come* 26
go on to- infinitif ou *go on...-ing*............72

going to 55
got
 – *got to* et *have to* 63
 – *have* et *have got* 63
 – *gotta* et *got to* 63
 – *gonna* 55

H

had
 – *had better* 24
 – *had to* et *must have* 87
hair et a *hair*..61
hard et *hardly* 62
hardly
 – *hardly* (négatif) 14
 – *hardly* et *hard* 62
have
 – *have* et *have got* 63
 – *have something done* 64
 – *don't have to/needn't* 89
 – *have to* et *be to* 21
 – *have to* et *have got to* 63
 – *have to* et *must* 87
 – *have just*...105
hear
 – *hear* (avec *can*) 27
 – *hear* + infinitif ou *hear… -ing* 71
 – *hear* (sans forme progressive) 103
here et *there* – *this* et *that*....................65
home et *house*..66
homework et *housework*..........................40
hope (pour parler du futur)................126
house 66

I

ici 65
if et *whether* 67
ignore (faux-ami) 68
ignorer (faux-ami) 68
il y a = *ago*..9
important (faux-ami) 69
important (faux-ami) 69
impossibilité (*couldn't/couldn't have*) 33
in
 – *in* et *within* 70
 – *in* et *at*...18
in front of et *opposite*..........................23
in spite of...11

INDÉNOMBRABLES
advice 6 ; *cloth* 31 ; *furniture* 54 ; *hair* 61 ;
information 73 ; *luggage* 85 ; *news* 91
infinitif
 – *to*-infinitif ou *-ing* après *stop, go on,
 regret, remember, forget, try* 72
 – infinitif ou *-ing* après *see, hear, feel,
 smell* 71
 – infinitif sans *to* après *let*....................80
 – infinitif après *used to* 121
information (indénombrable) 73
-ing
 – *-ing* ou infinitif après *see, hear*, etc.....71
 – *-ing* ou *to*- infinitif après *stop, go on,
 remember*, etc. 72
 – *-ing* après *used to* 121
interested et *interesting* 74
intéressant (faux-ami) 75
interesting
 – *interesting* et *interested* 74
 – *interesting* et «intéressant » 75

J - K

journey..123
jusqu'à = *as far as/until/up to* 16
just : *have just*.......................................105
know (sans forme progressive) 103

L

là 65
là-bas 65
lack et *miss*...76
laisser..80
large (faux-ami) 77
large (faux-ami) 77
last, *at last* 52
last, the last/the latest..............................78
lastly, *finally* et *at last* 52
latest et *the last* 78
learn et *teach*......................................79
leave et *let* 80
lend 81
lequel(le) 124
let et *leave*..80
let's..80
lever/se lever 106
librairie (faux-ami) 81
library (faux-ami) 81
like (sans forme progressive)............103
like
 – *like* et *as*..15

– *like* et *would like* 82
– *look like* 84
little et *a little, few, a few* 51
longer et *more* 83
look
– *look* et *look like* 84
– *look at/after/for/forward to/into/through up/up to* 96
lot : *a lot of* 86
luck, luckily, lucky 30
luggage (indénombrable) 85

M

maison 66
maîtriser 32
make
– *make* et *do* 40
– *make a(n) bed/choice/decision/effort* 40
– *make someone do something* 60, 64
– *make for/out/up* 97
manquer : *lack/miss* 76
many, *much* et *a lot of* 86
may
– *may* (probabilité) 33
– *may* et *can* (permission) 28
– *may* et *could/might* (probabilité) 37
même
– même : le jour même 4
– même si 11
meuble(s) (indénombrable) 54
might
– *might* et *could/should* (probabilité) 34
– *might* (permission) 28
– *might* et *could/may* (probabilité) 33
miss et *lack* 76
more
– *more* (encore) 8
– *more* et *longer* 83
most (pas d'article) 119
mourir, être mort 36
much, *many* et *a lot of* 86
must
– *must (have)* et *can't (have)* 29
– *must* et *have to* 87
– *must, should* et *should have* 88
mustn't et *don't have to* 89

N

naître 36
ne… plus 83
near et *close to* 23
need
– *need + -ing* 90
– *needn't* et *don't need to* 90
– *needn't* et *don't have to* 89
neither et *either* 46
never + present perfect/prétérit..........100
news (indénombrable) 91
next to et *beside* 23
ni… ni..46
no longer 83
NOMS
– noms collectifs : *family, government, group*, etc. 113
– noms indénombrables : *advice 6, cloth 31, furniture 54, hair 61, information 73, luggage 85, news 91*
– noms pluriels : *people, customs, scales, clothes, trousers,* etc. 93
– noms singuliers : *economics, politics, mathematics,* etc. 93
notice 107
nouvelle(s) (indénombrable).............91

O

obligation
– obligation – *must/should/should have*..88
– obligation – *must* et *have to* 87
– obligation négative au passé 89
– absence d'obligation 89
– obliger (*make someone do something*) 60, 64
often + present perfect/prétérit 100
one et *a/an* 2
opposite et *in front of*..........................23
ordre formel
– *be to* 21
– avec *shall*...58
oser...35
ou… ou..46
oublier 72
ought to/should (obligation/ conseil) 88, 112
ought/should (probabilité)....................34

p

pareil à 15
pass (faux-ami) 92
passé avec *used to* 121
passer (faux-ami) 92
– passer à 72
– passer (un examen/du temps) 92
pendant 99
pendant et *for/during/while* 41
people et *person* 93
person et *people* 93
permission (pouvoir) 28
peu de 51
peur : avoir peur + subjonctif 7
phrasal verbs.......................................94
– avec *get*..95
– avec *look*...96
– avec *make* 97
– avec *put* 98
plaire..82
plupart 119
pluperfect
– pluperfect et prétérit 105
– pluperfect avec *wish*........................126
pluriel..113
plus-que-parfait.................................105
policy, political et *politics* 45
pour autant que...................................16
pourtant..11
pourvu que...16
pouvoir
– pouvoir (capacité/possibilité
physique)...27
– pouvoir (déduction) 29
– pouvoir (permission) 28
– pouvoir (probabilité) 33, 34
près de et *close to/near* 23
présent
– présent progressif (comme futur) 55
– présent simple (comme futur) 56
– présent simple et présent progressif .103
– présent simple pour exprimer une
habitude.................................121, 122
present perfect
– present perfect (avec « depuis »)......53
– present perfect et prétérit ...99, 100, 101
– present perfect progressif et present
perfect simple 102
pretend (faux-ami) 00
prétendre (faux-ami) 104

prétérit
– prétérit et *pluperfect* 105
– prétérit et *present perfect*.....99, 100, 101
PROBABILITÉ
– probabilité et *could/may/might* 33
– probabilité et *could/should* 34
pronoms réciproques...........................43
pronoms réfléchis 43
PRONONCIATION
– prononciation de *although/though* 11
– prononciation du **h**..........................11
– prononciation avec *a/an* 1
– prononciation de *bath/bathe*.............20
– prononciation de *cloth/clothes* 31
publicité et *advertising* 5
put across/forward/off/out/
up/up with 98

Q

quand même 11
quel(le) 124

R

raise et *rise* 106
rapporter, *bring/take*............................26
rather et *better* 24
reach et *earn/gain/win*............................44
récent...78
réel/réellement et *actual/actually*............4
regarder 96
regret to- infinitif ou *regret…-ing* 72
regretter = *to be afraid* 7
remark (faux-ami) 107
remarquer (faux-ami) 107
remember
– *remember to-* infinitif
ou *remember… -ing*..............................72
– *remember* et *remind* 108
remettre..98
remind et *remember*............................108
renseignement(s) (indénombrable) ...73
rentrer et *go/come back* 26
reporter...98
retard 38
réussir un examen................................92
rise et *raise* 106
rob et *steal*...109

S

s'habituer à/prendre l'habitude.........121
s'occuper de..96
savoir (capacité/possibilité physique)..27
say et *tell*...110
scarcely (comme négatif) 14, 62
see
– *see* (avec *can*) 27
– *see* + infinitif ou *see -ing*....................71
– *see* (sans forme progressive)............103
sensible (faux-ami) 111
sensible (faux-ami) 111
shall
– *shall* (dans les questions) 58
– *shall* (futur)..58
– *shall* et *will* 58
– *shall/will* et le conditionnel..............58
should
– *should* (conseil/recommandation)...112
– *should* et *would* 112
– *should, should have* et *must*.............112
– *should* et *could* (probabilité).............34
si 67
si = *so/such*..11
si seulement..125
since
– *since* + present perfect 99
– *since* et *ago/for*......................................9
– *since* et *for* 53
– *since/for* + pluperfect 105
singulier et pluriel..........................113
so et *such*..114
so far as..16
so long as..16
solid (faux-ami) 115
solide (faux-ami)..............................115
some et *any* 14
something/someone..............................14
souhaiter..125
soulever 106
sound (= avoir l'air)...........................84
stand = supporter 116
steal et *rob*..109
still
– *still* et *again/yet* 8
– *still* et *always*....................................12
stop to -infinitif ou *stop…-ing* 72
such et *so*...114
SUGGESTIONS
– *Let's* 80
– *Shall we…?*...58

support (faux-ami) 98, 116
supporter (faux-ami) 98, 116
sympathetic (faux-ami) 117
sympathique (faux-ami)................117

T

take et *bring*..26
taste (avec *can*) 27
teach et *learn*..79
tel(le), tellement.................................114
tell
– *tell the truth, a lie, a story, a joke, etc.*.110
– *tell* et *say*...110
terrible et *terrific*...............................118
terrific et *terrible* 118
that et *this*..65
the..119, 120
themselves et *each other* 43
there et *here* 65
these..65
that..65
this et *that*..65
those 65
though
– *although* 15
– *as though, even though* 11
through et *across* 3
till = jusqu'à...17
toujours : *still/always*...........................12
tout...10
travel 123
traverser et *across/through* 3
trip 123
trop (de) 86
try to-infinitif ou *try…-ing* 72

U

un(e)
– *a/an* 2
– *one* 2
understand (sans forme progressive) ..103
until – jusqu'à 17
up to – jusqu'à 17
used to
– *used to* et *would* (habitude dans le
    passé) 122
– *used to* -infinitif et *be/get used to…-ing*.121
usually..122

V

venir de + passé..................................105
VERBES
– verbe + particule...............................94
– verbe + préposition...........................94
– verbes sans formes progressives 103
vêtements 31
voler 109
vouloir (demande) 58
vouloir/aimer 82
voyage (faux-ami) 123
voyage (faux-ami)............................123

W

wait et *expect*...50
want 82
warning et *warn* 5
were/was..125
what et *which*.....................................124
whether et *if* 67
which et *what* 124
while, *during* et *for* 41
whole 14
wide et *large*...77
will
– *will* (dans les questions)....................58
– *will* et futur progressif.......................59
– *will* et *shall* 58
– *will* et présent progressif 57
win et *earn/gain/reach* 44
wish
– *wish* + pluperfect.............................126
– *wish* + prétérit 125
– *wish* + *would* 125, 126
– *wish someone something*.....................126
– *wish* et *want*.....................................126
within et *in*..70
without (négatif)...................................14
would
– *would* (conditionnel) 108
– *would like* et *like* 82
– *would rather*.......................................24
– *would* et *should* 112
– *would* et *used to* pour exprimer une
habitude dans le passé......................122

Y

y..65
yet + present perfect...........................100
yet et *again/still* 8

Liste des entrées

les nombres en couleur correspondent aux numéros d'entrée

1. a – an 5
2. a/an – one..6
3. across – through 7
4. actually – « actuellement » 8
5. advertisement – « avertissement » 9
6. advice – « conseil(s) » 10
7. afraid – frightened 11
8. again – still – yet.............................12
9. ago – for/since 13
10. all – whole – every 14
11. although – though.........................15
12. always – still..................................16
13. ancient – « ancien » 17
14. any – some 18
15. as – like...19
16. as far as – as long as......................20
17. as far as – until – up to 21
18. at – in...22
19. balance – « balancer » 23
20. bath – bathe....................................24
21. be to – have to 25
22. before – by.......................................26
23. beside – close to – in front of –
    opposite 27
24. better – rather.................................28
25. bore – bother – annoy 29
26. bring – take.....................................30
27. can – could 31
28. can – may 32
29. can't (have) – must (have) 33
30. chance – « chance » 34
31. cloth – clothes................................35
32. control – « contrôler » 36
33. could – may – might......................37
34. could – should 38
35. daren't – don't dare 39
36. dead – died 40
37. deceive – « décevoir » 41
38. delay – « délai ».............................42
39. do: I do like / I like 43
40. do – make 44

41. during – for – while 46
42. each – every 47
43. each other – themselves 48
44. earn – win 49
45. economic – economical 50
46. either – neither...............................51
47. end : at the end – in the end 52
48. enough money – rich enough 53
49. eventually – « éventuellement » ..54
50. expect – wait 56
51. few – a few – little – a little 57
52. finally – lastly – at last 58
53. for – since 59
54. furniture – « meuble(s) » 60
55. futur (1) : going to – présent
    progressif 61
56. futur (2) : présent simple – présent
    progressif 62
57. futur (3) : will – présent
    progressif 63
58. futur (4) : shall – will 64
59. futur (5) : futur simple – futur
    progressif..65
60. get someone to do something –
    make someone do something........66
61. hair – a hair 67
62. hard – hardly 68
63. have – have got 69
64. have something done – make
    someone do something 70
65. here – there – this – that 72
66. home – house 73
67. if – whether 74
68. ignore – « ignorer » 75
69. important – « important » 76
70. in – within 77
71. infinitif – -ing 78
72. to-infinitif – -ing 79
73. information –
    « renseignement(s) » 81
74. interested – interesting.................82

75. interesting – « intéressant » 83
76. lack – miss 84
77. large – « large » 85
78. the last – the latest........................86
79. learn – teach 87
80. leave – let 88
81. library – « librairie » 89
82. like – would like 90
83. longer – more 91
84. look – look like 92
85. luggage – « bagage(s) » 93
86. many – much – a lot of 94
87. must – have to 95
88. must – should – should have........96
89. mustn't – don't have to 97
90. needn't – don't need to 98
91. news – « nouvelle(s) » 99
92. pass – « passer » 100
93. person – people 101
94. phrasal verbs 102
95. get on/over/round to....................103
96. look at/after/for/forward to/into/
through/up/up to 104
97. make for/out/up 106
98. put across/forward/off/out/up/
up with 108
99. present perfect – prétérit (1) 110
100. present perfect – prétérit (2) 111
101. present perfect – prétérit (3) 112
102. present perfect progressif – present
perfect simple 113

103. présent simple – présent progressif..114
104. pretend – « prétendre » 116
105. prétérit – pluperfect...................117
106. raise – rise..................................118
107. remark – « remarquer » 119
108. remember – remind.....................120
109. rob – steal 121
110. say – tell.....................................122
111. sensible – « sensible ».................123
112. should – would 124
113. singulier – pluriel.......................125
114. so – such 126
115. solid – « solide » 127
116. support – « supporter » 128
117. sympathetic – « sympathique » ..129
118. terrible – terrific........................130
119. the (1) : the snails – snails........131
120. The (2) : the English – English ..132
121. used to + infinitif – be/get used
to ...-ing 133
122. used to – would 134
123. voyage – « voyage » 135
124. what – which..............................136
125. wish + prétérit –
wish + would.............................137
126. wish + would –
wish + pluperfect 138

 Aubin Imprimeur
LIGUGÉ, POITIERS

Achevé d'imprimer en avril 1995
N° d'impression P 49033
Dépôt légal avril 1995 / Imprimé en France